Viva
AMANDO
su VIDA

Viva
AMANDO
su VIDA

ACEPTE LA AVENTURA DE SER GUIADO POR EL ESPÍRITU SANTO

JOYCE MEYER

FaithWords

NEW YORK NASHVILLE

FaithWords
Hachette Book Group
1290 Avenue of the Americas, New York, NY 10104
www.faithwords.com
twitter.com/faithwords

Primera edición: abril 2018

FaithWords es una división de Hachette Book Group, Inc.
El nombre y logotipo de FaithWords es una marca registrada de Hachette Book Group, Inc.

La editorial no es responsable de los sitios web (o su contenido)
que no sean propiedad de la editorial.

El Hachette Speakers Bureau ofrece una amplia gama de autores para eventos y charlas. Para más información, vaya a www.hachettespeakersbureau.com o llame al (866) 376-6591.

A menos que se indique lo contrario, el texto bíblico ha sido tomado de *La Santa Biblia, Nueva Versión Internacional®* NVI® Copyright © 1999 por Biblica, Inc.® Usada con permiso. Todos los derechos reservados mundialmente.

Las escrituras marcadas como "NTV" son tomadas de la Santa Biblia, Nueva Traducción Viviente, © Tyndale House Foundation, 2010. Usada con permiso de Tyndale House Publishers, Inc., 351 Executive Dr., Carol Stream, IL 60188, Estados Unidos de América. Todos los derechos reservados.

Las escrituras marcadas como "RVR1960" son tomadas de la versión Reina-Valera © 1960 Sociedades Bíblicas en América Latina; © renovado 1988 Sociedades Bíblicas Unidas. Usada con permiso. Reina-Valera 1960® es una marca registrada de la American Bible Society, y puede ser usada solamente bajo licencia.

Traducción y edición en español por LM Editorial Services | lmeditorial.com | lydia@lmeditorial.com con la colaboración de Belmonte Traductores

ISBN: 9781455560172

Impreso en los Estados Unidos de América

LSC-C

10 9 8 7 6 5 4 3 2 1

Esté tan ocupado amando su vida que no tenga tiempo para el odio, el temor o el lamento.

Autor anónimo

ÍNDICE

¿Qué ama usted? Me refiero a... ¿qué ama *realmente*?

Si es usted como la mayoría de personas, puede que diga: "Amo a mi familia", "Amo a mi cónyuge, a mis amigos, mi iglesia", o incluso "Amo al Señor". Y después están las cosas más temporales que todos disfrutamos, como: "Amo mi casa", "Amo una buena cena en un restaurante bonito", "Amo una buena taza de café", "Amo ir de compras, y "Sin duda, amo unas vacaciones bien programadas".

Todas ellas son cosas estupendas y tienen respuestas perfectamente razonables. Amamos y apreciamos a las personas y cosas que hay en nuestras vidas y que producen cierta medida de contentamiento y felicidad.

Pero he descubierto que muy pocas personas responderían: "Joyce, *amo* totalmente mi vida". La mayoría de nosotros estamos más frustrados con nuestras vidas de lo que estamos en paz con ellas. Muy pocas personas viven una vida llena de alegría, emocionadas por despertarse cada día, y llenas de maravilla ante lo que Dios podría hacer a continuación. Yo creo que una buena pregunta que todos deberíamos hacernos es la siguiente: "¿Estoy tan solo soportando mi vida, intentando pasar cada día, o la amo verdaderamente?".

Si usted no vive amando su vida, entonces debería hacer algo para cambiar eso. Puede que requiera un cambio de actitud o perspectiva, o quizá requiera seguir una nueva carrera profesional o incluso mudarse a una ciudad nueva, y puede requerir hacer nuevas amistades y aprender a mirarse a usted mismo del modo en que Dios lo hace. Hay cosas que podemos hacer para asegurar que viviremos amando nuestra vida. Después de todo, tenemos solamente una vida, y deberíamos amarla y vivirla con entusiasmo y celo.

Quiero mencionar algo muy importante justamente aquí al principio, y es que nunca deberíamos comparar nuestra vida con la de ninguna otra persona, porque hacerlo causa que con frecuencia no amemos nuestra propia vida plenamente y llenos de gozo. Es la vida suya la que quiero enseñarle a que ame. Es la única que usted tiene, y Dios no le dará la de otra persona, de modo que, ¿y si toma lo que se le ha dado y le saca el máximo jugo posible?

La rutina diaria con frecuencia nos agota. Las facturas se amontonan, el calendario está demasiado lleno, la dieta no parece estar funcionando, el tráfico es horroroso, el informe del médico es inquietante, los niños no se están portando bien, el trabajo es agotador; y para colmo, ¡ese maldito grifo de la cocina vuelve a gotear!

Esas irritaciones (y muchas otras parecidas) con demasiada frecuencia causan que sobrevivamos a la vida en vez de disfrutarla realmente. Puedo imaginar a muchos de ustedes asintiendo con la cabeza como muestra de acuerdo mientras leen estas palabras...la vida puede ser desafiante, cuando menos. Pero la vida de todo el mundo es desafiante en algunos aspectos a veces, y por eso querer tener la vida de otra persona no tiene caso. Puede que descubra que es más fácil tratar sus propios problemas de lo que sería tratar los de otra persona.

Pero usted puede llegar a ser una persona que dice: *"Amo mi vida"*. Podemos afrontar retos, tratar frustraciones, tener circunstancias menos que agradables, y aún así vivir amando nuestra vida.

Pienso en los ejemplos que vemos en la Biblia:

- David se enfrentó a gigantes, ejércitos contrarios, y un padre que favorecía a sus hermanos por encima de él, y sin embargo escribió: "Me has dado a conocer la senda de la vida; me llenarás de alegría en tu presencia, y de dicha eterna a tu derecha" (Salmos 16:11).

- Salomón tuvo las presiones de construir el Templo y dirigir un reino, y sin embargo dijo: "y sé también que es un don de Dios que el hombre coma o beba y disfrute de todos sus afanes" (Eclesiastés 3:13).

- El apóstol Pablo se enfrentó a naufragios, una enfermedad física, críticas constantes, y persecución, pero nos dijo: "he aprendido a estar satisfecho en cualquier situación en que me encuentre" (Filipenses 4:11).

- María dio a luz en un establo después de viajar en condiciones extremas, y sin embargo dijo: "Desde ahora me llamarán dichosa todas las generaciones" (Lucas 1:48).

Aquellos hombres y mujeres enfrentaron dificultades, desafíos, oposición y frustraciones en diversos momentos, pero fueron capaces de mirar hacia adelante y vivir vidas llenas de gozo y contentamiento; ¡ellos aprendieron el secreto de vivir amando sus vidas!

Lo que quiero compartir con usted en las páginas de este libro proviene de mis años de estudio de la Biblia y mucha experiencia personal. Mire, hubo un periodo de mi vida en que vivía atascada en la frustración, el enojo y la inseguridad. Debido al abuso que soporté a manos de mi padre cuando era niña, tuve muchos problemas que resolver como adulta. Tenía problemas de enojo, me desalentaba fácilmente, me comparaba con las personas que me rodeaban, y me conducía a mí misma hasta el punto del agotamiento intentando alcanzar mis metas. Amaba a Dios, amaba enseñar su Palabra y amaba a mis amigos y mi familia, pero realmente no podía decir que amaba mi vida. Constantemente quería y buscaba ese "algo más" elusivo que yo pensaba que daría satisfacción al deseo de mi alma, pero en cierta manera siempre se me escapaba.

Pero Dios me ha enseñado mucho a lo largo de los años. No siempre fue fácil, sin duda cometí mi parte de errores a lo largo del camino, pero hoy puedo decir con confianza que amo la vida que Dios me ha dado. No la amo porque sea perfecta, sino porque es un regalo de Dios.

Lo cierto es que Dios le ha dado usted también una vida maravillosa, llena de gozo y de superación…tan solo necesita descubrirla. Y creo que este libro hará mucho para ayudarle a hacer eso. La vida que tenemos actualmente es la única que tenemos, y el que nos disguste no la cambiará. Si Dios le conduce a cambiar algo que le ayudará a disfrutarla más, entonces hágalo por todos los medios, pero si no, ¡entonces es momento de aceptar su vida y aprender a amarla!

En los capítulos siguientes espero retarle y equiparle con las herramientas que necesita para tener una vida que pueda amar. Algunas cosas serán un recordatorio de lo que Dios ya le ha mostrado, pero muchas de las cosas de las que hablaremos serán nuevas, pasos que le hagan pensar y que pueda dar en su viaje espiritual. Por ejemplo, en las páginas siguientes descubrirá que…

- No puede vivir amando su vida a menos que el amor sea el tema central de su vida.
- Su actitud afecta a su vida más de lo que lo hará jamás cualquier otra circunstancia externa.
- Cada nuevo día es algo más que solo otro día de la semana; es una nueva oportunidad, un nuevo comienzo, y puede vivir con una actitud de expectativa.
- Debería comenzar a hacer cosas que siempre ha querido hacer pero que siguió posponiendo hasta otra ocasión.
- Celebrar sus victorias y progresos, sin importar cuán pequeños sean, es la voluntad de Dios para usted.

¡Y mucho más!

Si está listo para comenzar a vivir con una actitud totalmente nueva, para vencer sus obstáculos y despertarse mirando hacia adelante al día que comienza en lugar de aborrecerlo, siga leyendo. Este va a ser un libro que querrá leer una y otra vez. Y al final, creo que va a poder declarar de una vez por todas: *¡Amo la vida que DIOS me ha dado!*

SECCIÓN I

"Vivir amando la vida comienza con amar a Dios"

"Ama al Señor tu Dios con todo tu corazón, con todo tu ser y con toda tu mente"—le respondió Jesús—.

Mateo 22:37

CAPÍTULO 1

Dios tiene un plan asombroso para usted

Nunca tenga miedo a confiar un futuro desconocido a un Dios conocido.

Corrie ten Boom

Todos somos planificadores por naturaleza. Sencillamente es una parte de quienes somos como seres humanos: queremos saber cuál es el plan. *¿Qué dirección debería tomar en la vida? ¿Cómo van a resultar las cosas?* O quizá cosas menos importantes como: *¿Qué debería hacer de cena esta noche? ¿Qué debería ponerme para la fiesta de Navidad de la empresa?* Grandes planes o pequeños planes, para el futuro o para este mismo día; en cierto nivel, todos somos planificadores.

Ahora bien, algunas personas son más serias al respecto que otras. Por ejemplo, están las personas que han mapeado los próximos diez años de su vida con gran detalle. Saben exactamente hacia qué camino profesional apuntan, qué tipo de casa quieren construir, y cuántos hijos van a tener. Sus planes de inversión funcionan para ellos y sus metas en las relaciones siguen el calendario establecido. No se deja nada al azar. Después de todo, ¡tienen planes!

Y después hay otros que son un poco más flexibles. Está claro que tienen un plan, pero una semana o dos, o como máximo un año, es hasta donde han llegado sus perspectivas. Estas personas tienen esperanzas y sueños como todo el mundo, pero no los han incluido exactamente en un calendario. Son más casuales y relajados. El presupuesto es simplemente una pauta, la carrera profesional se irá solucionando por sí sola, y sus planes fácilmente podrían titularse: "Vamos a esperar y veamos lo que sucede".

Ya sea usted alguien que planea a largo plazo o alguien que planea a corto plazo, quiero compartir unas palabras de advertencia en este momento: su plan tiene errores. Independientemente de lo mucho que haya trabajado en él, sin importar lo mucho que parezca ser a prueba de errores, *su* plan puede producirle felicidad solo hasta cierto punto.

Mire, el problema de hacer nuestros propios planes es que hay limitaciones humanas que todos afrontaremos. No sabemos lo que se interpondrá en nuestro camino la próxima semana, y mucho menos el próximo año. No sabemos qué retos u oportunidades vamos a encontrar. No sabemos qué decisiones van a tomar las personas que nos rodean, y no sabemos cómo cambiará el mundo en los años venideros.

Hay muchas variables que pueden alterar nuestros planes. Con toda sinceridad, ni siquiera sabemos si querremos lo mismo cuando hayan pasado dos años. Usted ha cambiado de opinión en otras ocasiones; ¿quién va a decir que no volverá a cambiar de opinión? Sus metas profesionales podrían cambiar, y puede que necesite hacerse cargo de una responsabilidad que no planeaba, sus obligaciones financieras podrían variar…la transición es una parte de la vida.

Ahora bien, no me malentienda, pues no estoy diciendo que sea erróneo tener un plan. De hecho, es muy sabio tener un presupuesto, un calendario de citas, y una idea de hacia dónde se dirige en el futuro. Con frecuencia he oído decir: "Planee con antelación. No estaba lloviendo cuando Noé comenzó a construir el arca". Por lo tanto, hacer planes, en sí y por sí mismo, no es algo malo. Pero esto es lo que quiero que vea…

Solamente cuando entrega su plan a Dios es cuando puede comenzar a vivir amando su vida.

Lo mejor que su plan podrá lograr jamás es hacer que la vida sea tolerable, pero vivir en el plan que Dios tiene para usted es la clave para amar cada día de su vida. Su plan puede ser bueno, pero el plan de Dios es estupendo. Su plan puede producir *cierta* felicidad, pero el plan de Dios produce

> Solamente cuando entrega su plan a Dios es cuando puede comenzar a vivir amando su vida.

un gozo rebosante. Su plan puede que pague las facturas, pero el plan de Dios produce éxito verdadero y duradero.

Si está preparado para pasar de sobrevivir a la vida a comenzar realmente a amar la vida que tiene, lo primero que necesita reconocer es lo siguiente...

¡El plan de Dios es mejor que el suyo!

Creo que una de las cosas más alentadoras de ser cristiano es saber que Dios ve el final de todo desde el principio, y nada de lo que experimentemos a Él le sorprende. Él no se retuerce las manos preguntándose cómo ayudarnos a pasar cada día. Él es omnisciente (todo lo sabe) y omnipotente (todopoderoso), y tiene un plan establecido para su futuro.

Cada vez que se vea tentado a estar preocupado o ansioso, pensando: *¿Van a funcionar las cosas? ¿Cómo voy a atravesar esta situación? ¿Dónde está Dios cuando lo necesito?* (todas esas preguntas que roban nuestro gozo y nuestro amor por la vida), tan solo recuerde lo que dice la Palabra de Dios:

> Ahora bien, sabemos que Dios dispone todas las cosas para el bien de quienes lo aman, los que han sido llamados de acuerdo con su propósito.
>
> Romanos 8:28

> Y recibimos todo lo que le pedimos porque obedecemos sus mandamientos y hacemos lo que le agrada.
>
> 1 Juan 3:22

Si lo ha determinado el Señor Todopoderoso, ¿quién podrá impedirlo? Si él ha extendido su mano, ¿quién podrá detenerla?

Isaías 14:27

¡Qué aliento! Dios no solo tiene un plan, sino que no hay nadie que pueda "detenerlo". Si sencillamente confiamos en Él y nos sometemos a su plan, no hay enemigo ni obstáculo que pueda evitar que se produzcan los propósitos de Dios.

No olvide nunca: independientemente de la situación o de la apariencia externa, Dios tiene un plan para su vida, y Él establece fielmente ese plan en su lugar. Cuando usted entiende que Dios tiene el control, eso quita toda la presión. No tiene que preocuparse ni inquietarse, pensando: ¿Cómo voy a arreglar esta situación? Sencillamente puede descansar en el hecho de que Dios lo tiene todo planeado. Todos deberíamos hacer lo que Dios nos pide que hagamos, ¡y después confiar en que Él hará lo que nosotros no podemos hacer! Podemos aceptar la gran aventura de ser guiados por el Espíritu Santo y confiar en que Él nos dirigirá día tras día hacia el plan perfecto que nuestro Padre tiene para nosotros.

> Cuando usted entiende que Dios tiene el control, eso quita toda la presión.

Un amigo mío me habló recientemente sobre un día que pasó sorprendiendo a sus dos hijos. Sabiendo que iban a salir en la tarde, los niños preguntaron si podían ir al parque y quizá detenerse después para comprar un helado: ese era el plan de ellos, pero lo que no sabían es que mi amigo también había estado haciendo planes.

Los llevó al parque y después a comer un helado...pero eso fue solamente el principio. Él me dijo: "Joyce, no lo hacemos con frecuencia, pero mi esposa y yo simplemente queríamos consentirlos ese día". Por lo tanto, desde allí fueron al cine, después a cenar al restaurante favorito de los niños, y para completar la noche, hicieron un viaje hasta el salón recreativo local. (¡Vaya, me gustaría haberlos acompañado!).

El punto es sencillo: los niños tenían un plan, pero sus padres también tenían un plan, y el de ellos era mucho mejor que cualquier cosa que los niños pudieran haber imaginado. Mi amigo y su esposa habían estado planeando todo el día. Lo tenían todo bajo control. Sabían cuánto costaría, cómo llegar hasta sus destinos, qué película les gustaría a los niños, y cómo hacer que todo ello sucediera. ¡Y sabían que a los niños les encantaría!

Así es Dios con usted. Él ha estado planeando su vida. Nada se deja al azar, y usted no está solo. Dios está llevando a cabo su plan con todo cuidado. Él sabe dónde llevarle, y el momento exacto de hacerlo. Él sabe lo que usted necesita para tener éxito. ¿Y sabe qué? ¡Él sabe que a usted le va a encantar!

La clave es que aprendamos a cooperar con el plan de Dios. En lugar de aferrarnos tercamente a nuestros planes, seríamos sabios en descubrir su plan y después obedecer a Dios tal como Él nos dirija. Eso es precisamente lo que Efesios 2:10 nos dice que hagamos. El apóstol Pablo escribe que deberíamos caminar en el plan de Dios, "a fin de que hagamos las cosas buenas que preparó para nosotros tiempo atrás" (NTV). Y "las cosas buenas" me conducen a algo que es muy alentador recordar...

Más de lo que podemos imaginar

Muchas veces, cuando las personas oyen que Dios tiene un plan para sus vidas, se vuelven vacilantes. Suponen que Dios va a pedirles que hagan algo que será difícil y sacrificial, y que no les gustará. La razón por la cual muchas personas no deciden creer en Dios es que lo consideran un capataz duro; piensan que no tendrán nada de diversión, y que la vida será insípida y aburrida. Eso no podría estar más lejos de la verdad. ¡"Vivir la vida" con Dios es una aventura grandiosa!

El plan que Dios tiene para usted no es cierto tipo de duro trabajo espiritual. Dios no está en el negocio de retorcer brazos. No va a obligarle a ir a algún lugar o hacer algo a menos que antes haya puesto en su corazón ese deseo. Dios quiere ubicarle en un lugar, ya sea una familia, un hogar, una carrera profesional, un llamado, que usted pueda amar y disfrutar. Claro que habrá desafíos de vez en cuando, pero usted sabrá que está viviendo la vida que siempre soñó.

Primero y sobre todo, Dios ha trazado un camino para su satisfacción espiritual. Su plan es que usted sea redimido del pecado y la culpabilidad, se reconcilie con Él y tenga paz en su alma. Este es el fundamento de su vida. Pero el plan de Dios va más allá de la vida interior. Lo cierto es que Dios quiere que usted disfrute de su vida cada día. Por eso Jesús dijo en Juan 10:10: "yo he venido para que tengan vida, y la tengan en abundancia".

Estas palabras de Jesús son muy alentadoras e importantes; ¡aprender a vivir amando su vida es un principio bíblico! No hay nada más bíblico que saber que el plan que Dios tiene para su vida es mucho mayor que el plan que usted tiene.

> ¡Aprender a vivir amando su vida es un principio bíblico!

Efesios 3:20 lo dice de esta manera:

> Al que puede hacer muchísimo más que todo lo que podamos imaginarnos o pedir, por el poder que obra eficazmente en nosotros…

Y 1 Corintios 2:9 dice:

> Sin embargo, como está escrito: «Ningún ojo ha visto, ningún oído ha escuchado, ninguna mente humana ha concebido lo que Dios ha preparado para quienes lo aman».

Estas son promesas sobre las que puede construir su propia vida. Cuando entrega sus propios planes a Dios, Él puede hacer cosas que son "muchísimo más que todo lo que podamos imaginarnos o pedir". Igual que nos gusta sorprender a nuestros hijos, a Dios le encanta sorprendernos con cosas que están por encima de nuestras expectativas más osadas, y creer

> ¡Le aliento a que espere ser sorprendido por la bondad de Dios!

eso es uno de los ingredientes principales para vivir una vida que usted puede amar. ¡Le aliento a que espere ser sorprendido por la bondad de Dios!

Pienso en la vida de David. Cuando leemos por primera vez sobre David en 1 Samuel 16, él es meramente un muchacho pastor de ovejas. Está en los campos cuidando del rebaño de su padre. Me pregunto cuáles eran los planes para su vida. Quizá él esperaba ocuparse algún día del negocio de pastoreo de la familia, o quizá estaba pensando en alistarse en el ejército como sus hermanos mayores en algún momento en el tiempo. Debido a las limitaciones de su familia (David era el más pequeño de siete hermanos) y su situación (un humilde pastor), puede que David hubiera tenido planes muy modestos para su vida.

Pero Dios tenía planes que eran mayores que cualquier cosa que David pudiera imaginar.

Probablemente conocerá bien la historia. Por indicación de Dios, el profeta Samuel fue y ungió a David como el siguiente rey de Israel. David pasaría a derrotar a Goliat, dirigir el ejército, tocar música delante del rey Saúl, llegar a ser el mejor amigo del príncipe Jonatán, y finalmente llegar a ser rey él mismo. ¡Vaya una vida! Estoy segura de que David sería el primero en proclamar: *¡Los planes de Dios fueron mucho mejores que cualquier cosa que yo pudiera haber imaginado jamás!*

Y David no es el único ejemplo. José pasó de una cárcel al palacio (Génesis 37–41). Gedeón se escondía en una cueva, pero Dios lo utilizó para dirigir una nación (Jueces 6–8). Ester era una cautiva que llegó a ser reina (Ester 2). Y Pedro era un pescador a quien Dios convirtió en un pilar de la iglesia primitiva. Cada uno de estos hombres y mujeres vieron sus vidas desviarse de los planes que ellos habían hecho... pero Dios tenía preparados planes mucho mejores.

Mientras lee estas palabras, quiero que sepa que el mismo principio es cierto para usted. Los planes que usted ha hecho para su vida puede que sean buenos, pero los planes de Dios son mejores. Él puede tomar sus planes y añadirles más, o puede que tenga un plan totalmente diferente para usted, pero siempre puede estar seguro de que Él tiene en mente los mejores intereses para usted. Su plan nunca será gravoso. Siempre será algo que cumpla los deseos que Él ha puesto en su corazón, y está garantizado que será algo mucho mayor de lo que usted podría haber imaginado.

Pero ¿y si no veo que sucede nada?

Una vida llena de paz es una vida que usted puede amar verdaderamente. Si puede estar en paz cuando cae la economía, si puede estar en paz cuando aumentan las presiones en el trabajo, si puede estar en paz cuando los hijos o los nietos le están volviendo loco... entonces su vida es un gozo en lugar de ser una carga.

> Creo que la clave para vivir con paz es confiar en el plan de Dios incluso antes de ver los resultados.

Creo que la clave para vivir con paz es confiar en el plan de Dios incluso antes de ver los resultados.

El plan de Dios en su vida no se produce de la noche a la mañana; es un proceso. Él está edificando su fe, sanando su alma, renovando su espíritu, todo ello a su tiempo. Usted no siempre verá (o entenderá) exactamente lo que Dios está haciendo, pero siempre puede estar seguro de que Él está obrando. Por eso Filipenses 1:6

promete que Dios "que comenzó tan buena obra en ustedes la irá perfeccionando hasta el día de Cristo Jesús". Solo porque usted no pueda ver aún lo que Dios está haciendo, no significa que Él no esté haciendo algo grande.

John Flavel dijo en una ocasión: "La providencia de Dios es como las palabras hebreas: solo pueden leerse de atrás hacia adelante".[1] Me gusta mucho esa cita. Hay algunas cosas en nuestras vidas que solamente podemos entender cuando miramos atrás hacia ellas. En medio de una prueba, con frecuencia las cosas son demasiado frenéticas para entender plenamente cuál podría ser el plan de Dios, pero cuando usted está al otro lado de esa prueba, puede mirar atrás y comprender lo que Dios estaba logrando en usted y para usted por medio de toda esa situación.

Por lo tanto, deje que le haga una pregunta: ¿Qué es algo por lo que está pasando en estos momentos que le hace preocuparse, estar ansioso, o estar temeroso? ¿Hay algún obstáculo o una dificultad que le esté robando el gozo y causando que aborrezca su día en lugar de amar su vida?

Bueno, sea lo que sea lo que ha llegado a su mente, quiero alentarle a que ponga esa preocupación a los pies de Jesús. En lugar de enfocarse en el problema, repose en paz, sabiendo que Él tiene la solución. Puede que usted no la vea todavía, pero Dios está obrando por usted, y si confía en Él llegará un momento en que mirará atrás a esta situación y entenderá todo lo que Dios hizo para ayudarle.

Puede vivir amando su vida cuando entiende que esa vida no le pertenece (1 Corintios 6:19-10). Dios tiene el control; Él tiene un plan estupendo. ¡Eso es algo por lo que puede usted emocionarse!

No olvide...

• Solamente cuando entrega su plan a Dios es cuando puede comenzar a vivir amando su vida.

- Dios no solo tiene un plan para su vida, sino que no hay nadie que pueda detenerlo.
- Cuando entrega sus planes a Dios, Él puede hacer "muchísimo más que todo lo que podamos imaginarnos o pedir" (Efesios 3:20).
- Cuando decide confiar en el plan de Dios en lugar de apoyarse en su propio plan, el resultado natural es paz.

Vivir es la cosa más rara
del mundo. La mayoría de las
personas existen,
eso es todo.

Oscar Wilde

CAPÍTULO 2

"Este momento es el más importante que usted tiene"

Para siempre se compone de ahoras.

Emily Dickenson

Imagine conmigo si su banco estableciera nuevas políticas con respecto a su cuenta corriente personal. *Prepárese, ¡le van a gustar estos retos!* Las nuevas políticas son parecidas a lo siguiente:

1. Cada día, le depositan en su cuenta 86.400 dólares. Es todo suyo, y puede gastarlo como considere adecuado.
2. Sin embargo, cada noche el banco cancela cualquier cantidad de dinero que no haya utilizado ese día. *Nada* se transfiere al día siguiente.

Suena bastante bien, ¿verdad?

¿Qué haría usted? Yo sé lo que yo haría. Pasaría cada día gastando ese dinero tan sabiamente como fuera posible. Lo invertiría, lo compartiría con otros, y lo emplearía en cosas que realmente importen. (¡Y probablemente también iría a hacer unas buenas compras!). Con una oportunidad como esa delante de mí, aprovecharía al máximo cada dólar, maximizando la oportunidad cada día.

Le pido que piense en eso porque, lo crea o no, se le ha otorgado una política parecida, pero no con dinero sino con tiempo. Cada día recibe 86.400 nuevos segundos para emplearlos como usted quiera. ¿No es sorprendente pensar en eso? Pero aquí está el truco: nada de ese tiempo pasa al día siguiente. Tiene que vivirse en el presente. El ayer ha terminado; el mañana no está

> *Cada día recibe 86.400 nuevos segundos para emplearlos como usted quiera.*

prometido; usted tiene 86.400 segundos para emplearlos hoy.

Quiero sugerirle que deje de desperdiciar su tiempo siendo negativo. Por ejemplo, pida a Dios que le ayude a sacar de su vocabulario la palabra "odio". Comience a prestar atención a cuántas veces las personas usan este término, y obtendrá una perspectiva sobre el porqué algunos días parecen tan desagradables. Escuchamos y decimos cosas como: "Odio conducir en el tráfico cada día para llegar al trabajo". "Odio el clima que hace en mi ciudad" (Yo he sido culpable de decir eso muchas veces últimamente). "Odio hacer la colada, o limpiar la casa, o cortar el pasto, o esperar en la consulta del médico", y miles de otras cosas parecidas. Es realmente dañino cuando pensamos o decimos que odiamos a ciertas personas o que nos odiamos a nosotros mismos. Pero podemos aprender a vivir amando nuestras vidas hablando más *el lenguaje del amor* en nuestro día y librándonos del *lenguaje del odio*.

Cada día es una oportunidad nueva, y debería evitar enfocarse en las cosas que no le gustan y que quizá aborrece. Es posible hacer algo que quizá no esté entre las cosas favoritas que le gusta hacer y aún así no odiarlo. No tiene que vivir lamentando el pasado o teniendo temor al futuro; puede maximizar los 86.400 segundos que Él le ha dado hoy. Esto es más que solamente una buena idea; es un principio bíblico. Efesios 5:16 dice: "aprovechando al máximo cada momento oportuno, porque los días son malos", y Salmos 118:24 dice: "Este es el día en que el Señor actuó; regocijémonos y alegrémonos en él".

Regocijémonos y alegrémonos en él . . . vaya. ¿Es esa una descripción adecuada de cómo pasamos cada día usted y yo? ¿O sería más adecuado decir: *Enfurezcámonos y enojémonos en él? ¿O Estemos tristes en*

él? Este es el caso demasiadas veces. En lugar de regocijarnos en el
nuevo día que Dios nos ha dado, permitimos que se nos escape un
tiempo precioso mientras nos quejamos, lamentamos, nos preocupamos, o cedemos al temor.

Si quiere vivir amando su vida, es momento de hacer un cambio. Solamente tiene una vida a este lado de la eternidad, y sería
una tragedia desperdiciarla. Hoy podría ser el día en que comienza
a aprovechar al máximo su tiempo y a maximizar cada momento.

Tres maneras de maximizar el momento

Cuando digo que podemos amar nuestras vidas y disfrutarlas,
entiendo que cada día no significa vacaciones de verano y fiestas.
Seguimos teniendo empleos donde ir, hijos que educar, fechas que
cumplir, y responsabilidades.

Pero las obligaciones de la vida diaria no tienen que robarnos el
gozo. Podemos aprender a disfrutar el momento incluso cuando ese
momento implica ir al supermercado o limpiar la casa. Todo se trata
de decidir ver las bendiciones de Dios y lo bueno que hay en cada
día. Vivir amando su vida no es algo que sucede por accidente. Es
un resultado de tomar decisiones saludables y bíblicas diariamente.

> Vivir amando su vida no es
> algo que sucede por accidente.
> Es un resultado de tomar
> decisiones saludables y bíblicas
> diariamente.

Permítame mostrarle tres deci-
siones que puede comenzar a tomar hoy y que le ayudarán a maximizar los momentos que Dios le da.

1. Obedecer al momento

La obediencia puede que no sea lo primero que viene a su mente al
hablar de *amar su vida* y *maximizar el momento*, pero ser obediente
a Dios es una de las mejores maneras de vivir una vida gozosa y

vencedora. Por eso la Biblia nos dice: "La obediencia es mejor que el sacrificio" (1 Samuel 15:22, NTV).

Mejor ¿para quién? ¡Es mejor para usted!

Cuando aprende a obedecer la Palabra de Dios y la guía de su Espíritu Santo en el mismo momento en que Él le indica que haga algo, se sorprenderá por cuánto más agradable se volverá su vida. Estará más lleno de paz y satisfacción sabiendo que está en la voluntad de Dios. Nada es más incómodo que una conciencia culpable debido a haber desobedecido a Dios a sabiendas.

Algo que nos ayuda a amar verdaderamente nuestra vida es cuando permitimos que Dios obre por medio de nosotros para ayudar a otras personas. Lo único que necesitamos hacer es estar dispuestos a obedecer a Dios siguiendo los suaves impulsos del Espíritu Santo, y eso añade una calidad de entusiasmo a nuestra vida que es verdaderamente inspiradora. Permítame darle un ejemplo de cómo puede afectarle obedecer a Dios en el momento.

Recientemente, yo estaba comprando un café en una cafetería local. La camarera y yo estábamos charlando mientras pagaba mi café, y de algún modo se mencionó en la conversación la cafetera que había en exposición en la tienda. Era una cafetera muy buena, y la joven camarera dijo: "Estoy ahorrando dinero porque *realmente* quiero comprar algún día esa cafetera".

En cuanto ella dijo esas palabras, sentí la dirección del Señor de comprar esa cafetera para ella. No hubo ninguna voz audible desde el cielo ni nada parecido; tan solo supe en mi espíritu que Dios me estaba diciendo que bendijera a aquella joven. Por lo tanto, eso fue lo que hice. Compré esa cafetera como regalo para ella y le dije: "Quiero bendecirle con esto".

Ahora bien, déjeme decir que ella estaba entusiasmada. Se deshizo en agradecimientos y dijo que nunca nadie había hecho nada parecido por ella. Pero a pesar de lo feliz que ella estaba, creo que yo estaba incluso más feliz. Fue un momento muy especial, y produjo mucha satisfacción en mi día.

Dios sabía exactamente lo que necesitaba esa camarera…y Él sabía exactamente lo que yo necesitaba ese día. Ambas nos fuimos con alegría en nuestros corazones y una experiencia maravillosa por la cual dar gracias a Dios.

Entonces, más adelante ese mismo día vi a la joven en los baños del centro comercial, y ella me preguntó: "¿Por qué fue usted tan agradable conmigo?". Yo le dije que Dios le amaba y que quería que ella fuera bendecida. Fue entonces cuando ella me dijo que su madre había muerto de cáncer, y que ella había estado enojada con Dios; sentía que incluso si Él existía, no le amaba. Tuve una oportunidad de compartir con ella brevemente la verdad acerca del amor de Dios, y después de pensar un poco en el incidente, me di cuenta de que la cafetera fue utilizada meramente para abrir el corazón de esa muchacha para que Dios pudiera mostrarle que Él ciertamente se interesaba por ella. En ese momento mi gozo se multiplicó, porque Dios me había permitido participar en un acontecimiento tan asombroso y divinamente preparado.

Pero este es el punto: yo me habría perdido ese momento si no hubiera sido obediente a Dios. Si hubiera pensado: *No puedo hacer eso. Esa cafetera es demasiado cara*, o *Esto es demasiado vergonzoso. No conozco a esta muchacha, y ella pensará que estoy loca*, ese día de mi vida habría sido mucho menos de lo que Dios quería que fuera. Él sabía la bendición que sería para las dos, de modo que me dio una oportunidad de colaborar con Él para acercarse a una joven solitaria que sufría.

Como cristianos, usted y yo hemos sido llamados a ser obedientes a Dios en las cosas grandes y en las cosas pequeñas. Hacemos que nuestra obediencia sea difícil a veces porque tendemos a enfocarnos en cuán difícil creemos que va a ser, pero deberíamos pensar en cuán felices estaremos cuando hayamos hecho lo que Dios quiere que hagamos. Cuando usted toma la decisión de obedecer a Dios a pesar de todo, siempre suceden cosas buenas.

2. Amar al momento

Para muchas personas, sus días quedan arruinados debido al modo en que alguien les ha tratado. Un insulto, un rumor, una palabra desagradable de un amigo o un compañero de trabajo les roban el gozo y las envían a una espiral descendente. Así fue para mí durante muchos años. Si alguien decía o hacía algo desagradable hacia mí, yo me revolcaba en la miseria durante horas. *¿Cómo pudo hacer eso? ¿Por qué dijeron eso? ¡La vida no es justa!*

Con la ayuda de Dios, he aprendido con los años que soy responsable de mi propia actitud y felicidad. No puedo controlar lo que hacen otras personas, pero con la ayuda de Dios puedo controlar cómo respondo. Dios con frecuencia me ha recordado que lo que alguien pueda hacerme que sea injusto o desagradable ni se acerca a ser tan importante como el modo en que yo respondo a esas acciones.

Es ahí donde interviene "amar al momento". Cuando nos convertimos en personas que aman a quienes les rodean diariamente, nuestras vidas son tremendamente enriquecidas. Jesús dijo en Juan 15:12 (NTV): "Ámense unos a otros", y el versículo 11 dice que hacemos eso para que nuestro gozo sea cumplido. ¿Vio eso? ¡Amar a otros realmente llena nuestra vida de gozo! El amor no es solo un sentimiento que tenemos; es una decisión que tomamos sobre cómo trataremos a las personas que hay en nuestra vida: las que nos caen bien y las que no nos caen bien.

> *El amor es una decisión que tomamos sobre cómo trataremos a las personas que hay en nuestra vida.*

Recientemente, mi esposo Dave y yo celebramos nuestro aniversario de boda número cincuenta y uno. He aprendido mucho sobre el amor y matrimonio a lo largo de los años, pero una de las mejores cosas que he aprendido es la importancia de no desperdiciar ni un solo día: amar al momento.

Cuando Dave llega a casa, hablándome del partido de golf que ha jugado ese día, tengo que ser sincera: no siempre me interesa. Yo no soy golfista; sencillamente no es algo que disfruto, pero ¡a Dave le encanta! Por lo tanto, cuando él me está hablando sobre un golpe imposible que lanzó o una directa que llegó más lejos de lo que esperaba, yo tengo una decisión que tomar. Puedo pensar egoístamente: *Dave, realmente no me interesa escuchar nada más sobre golf*, y entonces esos pensamientos aparecerán en mi actitud, o puedo entender que esa es una oportunidad de mostrar amor en ese momento. Si es importante para él, yo debería escuchar con paciencia incluso aunque prefiriera no hacerlo.

Hoy, Dave me sugirió que le acompañara al campo de golf para verle golpear bolas en el campo de práctica. Pensó que sería una forma de que yo disfrutara de algún tiempo al aire libre bajo el sol. Bueno, a mí me gusta más hacer que observar, y no pensaba que sería algo que iba a disfrutar tanto, pero era la segunda o tercera vez que él lo sugería en los últimos dos años, de modo que finalmente entendí que él quería que yo observara y estuviera orgullosa de lo bien que él golpea la bola de golf. Era una manera de que yo pudiera amarle al momento, tal como él me ha amado a mí miles de veces y se ha quedado sentado en reuniones en las que yo daba enseñanza.

Cuando hacemos cosas por los demás que preferiríamos no hacer, puede que no sintamos gozo en el momento, pero aprovechar esos momentos para mostrar amor es uno de los principales ingredientes para vivir una vida que podemos amar. Hacer lo correcto siempre produce al final la recompensa del gozo. Después de ir y observar a Dave golpear bolas de golf, me alegré de haberlo hecho.

Ese es solo un pequeño ejemplo de amar al momento. Hay muchas oportunidades que Dios nos da cada día para compartir amor, no solo con nuestro cónyuge, sino también con amigos, compañeros de trabajo, e incluso completos desconocidos. No pase por alto esas oportunidades (esos momentos) para mostrar amor. Su vida será mucho mejor cuando busque maneras de expresar amor a otros. Recuerde... si el amor es el tema central de nuestra vida, ¡entonces amaremos la vida que estamos viviendo!

> Si el amor es el tema central de nuestra vida, ¡entonces amaremos la vida que estamos viviendo!

3. Disfrutar del momento

Muchas personas tienen la mentalidad de que serán realmente felices en algún momento en el futuro. Cuando los niños crezcan, cuando reciban un ascenso, cuando la economía mejore... cuando, cuando, cuando.

Yo sin duda puedo identificarme. Hubo un tiempo, incluso cuando estaba sirviendo al Señor en el ministerio, en que siempre miraba hacia delante al momento en que las cosas mejorarían. No estaba disfrutando de las bendiciones diarias que salían a mi camino porque estaba demasiado ocupada mirando hacia adelante. Tuve que aprender (y aún tengo que recordarme a mí misma) maximizar el momento y disfrutar de lo que Dios está haciendo en mí y por medio de mi *ahora*, no cuando termine la conferencia, cuando el ministerio sea más grande, o cuando pueda irme de vacaciones.

Realmente quiero que entienda lo siguiente: Dios quiere que disfrute de su vida *ahora*, no en algún momento en el futuro.

Henry Ward Beecher dijo: "El sol no brilla para unos cuantos árboles y flores, sino para la alegría del mundo entero".[2] Me encanta esta cita. Con cada nuevo amanecer, Dios quiere que todos vivamos en un gozo completo y total. Quizá debería detenerse por un momento y preguntarse si cree que Dios quiere que usted sea feliz y disfrute de su vida. ¡Claro que lo quiere! Sin duda, hay muchas cosas en la mente y el corazón de Dios que son importantes para Él, cosas como nuestra obediencia y crecimiento espiritual, ¡pero Él también quiere que disfrutemos de nuestra vida!

Me resulta asombroso que incluso en medio de dirigir el universo, Dios nos sigue teniendo en mente a nosotros. El salmista David dijo que si intentáramos contar los pensamientos de Dios hacia nosotros, serían más innumerables que los granos de arena que existen (ver Salmos 139:17-18). Simplemente piense en eso: *¡Dios le tiene usted en mente todo el tiempo!*

Jesús dijo que Él quería que su gozo estuviera completo y pleno en nosotros (ver Juan 17:13). Leer este versículo, y muchos otros que son parecidos, solucionó el asunto para mí: *¡Dios quiere que vivamos una vida que amemos y disfrutemos!*

Cualquiera puede desviarse y enfocarse en los problemas o las cargas del día. Todos tenemos inconveniencias e irritaciones que tenemos que afrontar regularmente, pero solamente quienes creen verdaderamente que Dios quiere que disfruten y amen sus vidas dejarán atrás los problemas de la vida para disfrutar de cada nuevo día al máximo. Por alguna razón, tendemos a pensar que mientras tengamos problemas sencillamente no sería correcto no preocuparnos y en cambio disfrutar de la vida. Pero eso es exactamente lo que Dios quiere que hagamos, y es lo que el diablo no quiere que hagamos.

Uno de los mayores regalos de Dios para nosotros es que Él nos permite por su gracia disfrutar de la vida incluso en medio de problemas y dificultades. El apóstol Pablo nos dice que en medio de todos nuestros sufrimientos, somos más que vencedores por medio de Cristo que nos ama (ver Romanos 8:37).

Tenga en mente que el gozo no se basa en tener todo a favor todo el tiempo o estar todo el día riendo. El gozo es más profundo que eso. El gozo puede ser alegría extrema o dicha calmada... ¡y todo lo que hay en medio! Yo soy por naturaleza una persona más seria, de modo que la definición de "dicha calmada" es por lo general mi estado de gozo. Pero la

> *El gozo puede ser alegría extrema o dicha calmada... ¡y todo lo que hay en medio!*

buena risa entusiasta es algunas veces precisamente lo que necesitamos. Ayer en la noche estuvimos con nuestra hija, nuestro yerno y dos de nuestros nietos, y algo nos hizo reír tanto que realmente nos doblábamos de la risa. Fue algo muy tonto, pero cuando comenzamos, parecía que no podíamos parar, y cuando finalmente terminó, me di cuenta de que en realidad me sentía más vigorizada y como si una brisa fresca y agradable hubiera atravesado mi alma.

Filipenses 4:4 dice: "Alégrense siempre en el Señor. Insisto: ¡Alégrense!". Es importante (doblemente importante) para Dios que usted se regocije cada día, porque Él sabe cuán poderosamente afectará su vida. El gozo del Señor es nuestra fortaleza (ver Nehemías 8:10).

Por lo tanto, tome ahora la decisión de disfrutar del momento. Si tiene tendencia a ser demasiado serio, ríase un poco. Recuerde: Dios le ama siempre, y eso es algo por lo que debe estar gozoso.

Momentos, uno tras otro

Hace poco leí que alguien hizo una pregunta muy aguda a una mujer llamada Nadine Stair de Louisville (Kentucky). Le preguntaron a la señora Stair, que tenía ochenta y cinco años: "¿Qué haría si tuviera que volver a vivir otra vez su vida?". Esto es lo que dijo la señora Stair:

La próxima vez cometería más errores. Me relajaría. Haría calentamientos. Sería más tonta de lo que he sido en este viaje…Escalaría más montañas y nadaría más ríos. Comería más helados y menos frijoles…He tenido mis momentos, y si tuviera que volver a repetirlo, tendría más de esos momentos. De hecho, intentaría no tener otra cosa. Tan solo momentos, uno tras otro, en lugar de vivir cada día pensando en los años por delante… Comenzaría a descalzarme antes en la primavera y seguir descalza hasta más avanzado el otoño. Iría a más bailes. Subiría en más carruseles y arrancarían más margaritas.[3]

Me encanta la actitud de esta anciana tan reflexiva, porque esencialmente de lo que ella habla es de maximizar cada momento. Cuando ella reflexionó sobre su vida, no deseaba haber trabajado más duro o haberse preocupado más; deseaba haber disfrutado de cada día. Las bromas, el tiempo, el helado, la primavera y el otoño, los bailes, los carruseles y las margaritas: esos eran los momentos que ella quería revivir.

Permítame preguntarle: "Si tuviera que volver a vivir su vida, ¿qué haría de modo diferente?". Dudo que pasaría más tiempo con temor o preocupación, enojo o lamento. Si es usted como yo, probablemente querría pasar más tiempo riendo, amando, y disfrutando verdaderamente cada día. Bueno, la buena noticia es la siguiente: puede comenzar desde hoy. Las oportunidades perdidas del pasado no son nada comparadas con las nuevas oportunidades del presente. Con la ayuda de Dios, puede comenzar a maximizar cada nuevo momento que Él le da, y no tiene que esperar otro momento para comenzar.

Recuerde que tiene 86.400 segundos hoy… ¿cómo va a emplearlos?

No olvide…

- El ayer ha terminado; el mañana no está prometido; solo puede vivir en el presente.
- Ser obediente a Dios es una de las mejores maneras de vivir una vida gozosa y vencedora.
- Si busca oportunidades de amar a otros diariamente, su vida será tremendamente enriquecida.
- No espere hasta algún momento en el futuro para comenzar a disfrutar de su vida. Maximice cada momento que tiene hoy para amar la vida que Jesús vino a darle.

¿Ama su vida? Entonces no malgaste tiempo, porque esa es la sustancia de la que se compone la vida.

Benjamin Franklin

CAPÍTULO 3

Niéguese a dejar que el temor determine su destino

No puede nadar buscando nuevos horizontes hasta que tenga la valentía de perder de vista la costa.

William Faulkner

La mañana del 2 de junio de 2011 parecía bastante normal, como cualquier otro día para Laurie Ann Eldridge. Cuando se despertó aquella mañana somnolienta, esta madre soltera de 39 años con dos hijos adolescentes no sabía que tendría que enfrentarse a una decisión de vida o muerte antes de que el día terminara, pero eso fue exactamente lo que sucedió.

Horas después, cuando el sol de la tarde comenzaba a esconderse en el horizonte del verano, Laurie estaba fuera trabajando en su jardín cuando observó algo aterrador. Una anciana confundida estaba atascada en su vehículo en un paso a nivel cercano... y Laurie podía oír el silbato de un tren de carga que se acercaba. Era como una escena sacada directamente de un *thriller* de acción, pero Laurie no era ninguna actriz y aquello no era ninguna película.

Con poco tiempo para deliberar, Laurie pasó a la acción.

Ahora, antes de continuar, hay algunas cosas que necesito decirle acerca de esta ama de casa tan valiente: Laurie no tenía entrenamiento de rescate, era más pequeña de lo normal, pesaba 115 libras (52 kilos), no llevaba puestos ningunos zapatos y, lo más importante a observar, Laurie sufría una lesión de espalda inhabilitante. Ella no había corrido ni un solo paso en más de diez años. Pero Laurie no permitió que ninguna de esas cosas evitara que hiciera lo que sabía que tenía que hacer.

Sabiendo que el tiempo era esencial, Laurie salió enseguida del jardín y fue corriendo tan rápidamente como pudo hacia el vehículo atascado, cruzando un arroyo y subiendo por un terraplén en el proceso. Cuando llegó al auto, gritó para que la anciana de ochenta y un años, Angeline Pascucci, saliera del vehículo. Al darse cuenta de que la señora Pascucci estaba demasiado confusa para actuar por sí misma, Laurie se acercó al auto, abrió la puerta, y sacó a la anciana del auto. "Lo único en que podía pensar era el rostro de la señora. Parecía perdida. Necesitaba ayuda, y la necesitaba en ese momento", dijo Laurie más adelante a los reporteros.

Con el tren de carga de cuarenta y siete vagones acercándose sin piedad hacia ellas, Laurie con sus pies sangrientos y llenos de espinas, bajó por el terraplén con Angelina Pascucci en sus brazos, solamente segundos antes de que el tren aplastara el automóvil.

Laurie Ann Eldridge más adelante recibió como reconocimiento una medalla de la Carnegie Hero Fund Commission, que honra a civiles que muestran actos de valentía que salvan vidas. Su valentía salvó una vida aquel día, y nos dio a todos un ejemplo inspirador de valentía ante el temor.[4]

Valentía para avanzar

Hay muchas cosas que me encantan en la historia de Laurie, pero una cosa en particular destaca: Laurie no permitió que *nada* le detuviera. No importaba que fuera más pequeña de lo normal (más pequeña incluso que la mujer a la que rescató); no vaciló incluso aunque no llevaba zapatos puestos; y pasó a la acción a pesar de la lesión de espalda que le había limitado durante la última década. *Nada* iba a evitar que emprendiera la acción.

Incluyo esta historia en este capítulo porque hay demasiadas personas que han permitido que el temor les ralentice o les detenga por completo para no hacer lo que verdaderamente quieren hacer. Tener temor al fracaso, temor a lo que otros podrían decir, temor a que el pasado vuelva a repetirse, temor a no tener lo necesario para tener éxito; estos temores (y muchos otros) con frecuencia evitan que vivamos la vida abundante y vencedora que Dios ha planeado para que vivamos.

Si quiere vivir amando su vida verdaderamente, puede que haya algunas cosas que necesitará cambiar, y si permite que el temor le detenga, le mantendrá atrapado ahí donde está. Por ejemplo, muchas personas aborrecen sus empleos; si ese es el caso, el único modo de arreglarlo es tener una nueva actitud o un nuevo empleo. Si eso se aplica a usted, le insto a que emprenda la acción y se niegue a pasar su vida haciendo algo que aborrece solamente porque el salario es bueno, o a tener miedo a hacer un cambio porque es lo que siempre ha hecho. Si no vivimos con valentía, no tendremos esperanza alguna de amar nuestras vidas, y probablemente ni siquiera nos gustarán.

Todo el mundo tiene que enfrentarse al temor en algún momento de su vida. Por eso es tan importante que entendamos lo que es el temor y cómo podemos avanzar siempre que surja. ¡No puede vivir amando su vida hasta que decida ser una persona fuerte, segura de sí misma y valiente! Si no confrontamos el temor y lo dejamos atrás, descubriremos que con frecuencia miramos atrás con lamento al pensar en todas las cosas que nos gustaría haber hecho y que ni siquiera intentamos debido al temor.

> ¡No puede vivir amando su vida hasta que decida ser una persona fuerte, segura de sí misma y valiente!

El temor por lo general comienza como un pensamiento: un pensamiento ansioso, un pensamiento vacilante. *Quizá no puedo hacer esto. Voy a resultar herido si lo intento. La gente se reirá de mí.* Esos pensamientos pueden convertirse en sentimientos fuertes e intensos que evitan que hagamos algo que sería beneficioso para nuestras vidas. El temor es una de las herramientas más eficaces de Satanás para manipular a las personas y mantenerlas alejadas de la voluntad de Dios. Recientemente recibí la visita del espíritu de temor mientras pensaba en hacer algo valiente. Se presentó como un sentimiento de desasosiego en mi alma. Recuerdo pensar en lo mucho que me disgustaba ese sentimiento. Recuerdo alegrarme de saber lo suficiente sobre cómo opera el diablo para así ser capaz de resistirle, pero hubo muchos años en mi vida en que no sabía cómo resistir, y el temor controlaba muchas de mis decisiones. Dios no nos creó para que nos echáramos atrás con temor, sino para que avancemos hacia adelante con valentía confiando en que Él nunca nos deja ni nos abandona.

La mejor manera de entenderlo es la siguiente: el temor es lo contrario a la fe. Dios quiere que vivamos en fe, confiando en su plan para nuestras vidas, pero el enemigo quiere que retrocedamos con temor. Solamente cuando aprendemos a vivir por fe, avanzando a pesar de la preocupación o la ansiedad que podamos *sentir*, es cuando podemos vivir una vida en Cristo satisfactoria, contenta y gozosa.

Puede que piense: *Bien, ¿cómo hago eso? ¿Cómo encuentro la fortaleza para escoger la fe por encima del temor? Después de todo, hay muchas cosas que dan miedo que hay ahí fuera y que hay que tratar. ¿Cómo avanzo incluso cuando tengo temor?* Creo que son preguntas muy buenas, y he descubierto que la respuesta puede que sea más fácil de lo que usted cree.

Enfocarnos en las promesas de Dios en lugar de hacerlo en los problemas del mundo es la mejor manera para vencer el temor. Igual que debemos alimentar nuestros

> Enfocarnos en las promesas de Dios es la mejor manera para vencer el temor.

cuerpos con alimentos para mantenerlos sanos y fuertes, debemos alimentar nuestra fe con las promesas de Dios para que se mantenga fuerte.

- En lugar de obsesionarse por una recesión económica, decida recordar que Dios promete suplir todas sus necesidades (ver Filipenses 4:19).
- En lugar de enfocarse en lo que parece imposible, piense en el hecho de que todas las cosas son posibles con Dios de su lado (ver Mateo 19:26).
- Cuando el informe médico sea desalentador, enfóquese en la seguridad de sanidad en la Palabra de Dios (Isaías 53:5).
- Si se siente solo y abandonado, nunca olvide que Dios está siempre a su lado (ver Deuteronomio 31:6).

Con bastante frecuencia yo experimento que la duda intenta abrirse camino hasta mi corazón, y comienzo a flaquear en mi fe; pero si acudo a mi Biblia y leo las promesas de Dios, o si medito en ellas, puedo sentir que la duda es empujada a un lado y mi fe vuelve a ser fuerte otra vez. Son las promesas en la Palabra de Dios las que nos dan la fortaleza para estar firmes cuando todos a nuestro alrededor parecen caer. Cuando usted se enfoca en la Palabra de Dios y en las promesas para su vida que Dios le ha dado, la preocupación, la ansiedad y el temor pierden su fuerza, y usted se encuentra una vez más disfrutando de su vida y amándola.

¿De qué tiene temor?

Una de las mejores cosas que puede hacer es un inventario personal, haciéndose estas preguntas: *¿De qué tengo temor? ¿Hay algunas áreas en mi vida donde el progreso está siendo obstaculizado debido al temor?* Cuando puede identificar sus temores, entonces puede encararlos.

Recuerde: no es equivocado sentir temor (de hecho, es bastante natural), pero no tiene que permitir que el temor controle sus decisiones y acciones. Puede empujarlo a un lado, sabiendo que el temor es solamente un arma del enemigo que intenta mantenerle alejado de lo mejor que Dios tiene para usted.

David dijo: "Cuando siento miedo, pongo en ti mi confianza" (Salmos 56:3). Notemos que David no negó que tenía miedo, pero cuando sentía temor, confiaba en Dios y seguía adelante. No permitía que el temor le ralentizara. Puedo decir con confianza que cuando Dios le dirija a dar un paso en cierta área y hacer algo nuevo, o cuando Él le conduzca a hacer un compromiso mayor, probablemente sentirá temor. Pero si está seguro de que Dios le está dirigiendo, entonces ponga su confianza en Él y avance con valentía. Incluso si damos tan solo un pequeño paso cada vez, finalmente llegaremos a nuestro destino deseado mientras nos neguemos a abandonar.

Recuerdo una vez en que sabíamos que necesitábamos más espacio para la oficina para así manejar el crecimiento del ministerio. Necesitábamos computadoras, escritorios, más empleados, y otras cosas. Yo había orado por crecimiento, para que pudiéramos ayudar a más personas con la verdad de la Palabra de Dios, pero era intimidante pensar en el costo y la energía necesarios para avanzar.

Tenía una decisión que tomar. Podíamos hacer los movimientos necesarios y avanzar en fe, o podíamos retroceder y quedar paralizados por el temor. Habría sido muy fácil permitir que la incertidumbre y los potenciales problemas nos retuvieran. Y yo me vi tentada, sin ninguna duda, a ceder al temor. Tenía pensamientos como los siguientes: *Joyce, quizá estás yendo demasiado rápido. Esto podría ser un fracaso total. ¿Estás segura de que es una buena idea?*

Estoy segura de que también usted ha tenido pensamientos similares en algunas áreas de su vida. Cuando se sintió guiado a comenzar una nueva carrera profesional: *¿Y si me caigo de bruces?* Mientras estaba criando a sus hijos: *Quizá lo estoy haciendo todo mal.* Cuando

> *Si usted está firme en las promesas de la Palabra de Dios y avanza en fe, se sorprenderá del gozo que llega al dejar a un lado sus temores.*

se acercó para ayudar a alguien: *¿Y si me dice que me ocupe de mis propios asuntos?* Pero si usted está firme en las promesas de la Palabra de Dios y avanza en fe, se sorprenderá del gozo que llega al dejar a un lado sus temores.

En mi situación, Dios suplió cada una de esas necesidades. No siempre fue fácil, y ciertamente hubo días en que nuestra fe fue probada. Nos encontramos preguntándonos si habíamos tomado las decisiones correctas, pero a medida que dejamos a un lado el temor y confiamos en Dios, Él siempre proveyó. No siempre sucedió del modo que habíamos esperado o en el momento que nosotros habríamos elegido, pero Él suplió nuestras necesidades, y su manera fue mejor de lo que nosotros podíamos haber imaginado jamás. Ahora miro atrás y estoy muy agradecida por no haber permitido que el temor me detuviera. Esa es una de las razones por las que le aliento encarecidamente a no permitir tampoco que le ralentice o le detenga. Si no sigue lo que hay en su corazón y hace las cosas que verdaderamente quiere hacer y que cree que debe hacer, entonces vivirá con lamento, y eso, sin duda alguna, evitará que viva amando su vida.

Por lo tanto, al examinar su corazón identificando áreas de temor en este momento, dé un paso más: examine la Palabra de Dios y descubra lo que Él tiene que decir sobre esos temores. No permita que los problemas le sigan deteniendo; en cambio, permita que las promesas de Dios sean una fuerza aceleradora en su vida. A continuación tenemos algunas de esas promesas aceleradoras en las que puede profundizar en este momento:

> Así que no temas, porque yo estoy contigo; no te angusties, porque yo soy tu Dios. Te fortaleceré y te ayudaré; te sostendré con mi diestra victoriosa.
>
> Isaías 41:10

Pues Dios no nos ha dado un espíritu de temor y timidez sino de poder, amor y autodisciplina.

2 Timoteo 1:7, NTV

En esa clase de amor no hay temor, porque el amor perfecto expulsa todo temor.

1 Juan 4:18, NTV

No permita que nada le detenga

Laurie Ann Eldridge fue valiente, aunque no tenía ninguna experiencia en rescates. Estaba decidida, aunque no llevaba zapatos en sus pies. Salió corriendo, aunque no había corrido en diez años. ¿Y usted? ¿Rechazará las limitaciones en su vida y correrá hacia las oportunidades que tiene por delante?

Entiendo si usted tiene temor, y sé que hay retos legítimos que podría enfrentar, pero sencillamente piense en la recompensa. Si le dice no al temor y sí a Dios, hay una vida por delante de usted llena de potencial, maravilla y nuevas posibilidades. No permita que el temor le siga ralentizando. ¡Corra hacia su futuro y vea a Dios hacer algo increíble con su vida!

No olvide...

- Solo cuando aprendemos a vivir por fe, avanzando a pesar del temor que podamos *sentir*, es cuando podemos vivir una vida en Cristo satisfactoria y gozosa.
- Enfocarse en las promesas de Dios en lugar de hacerlo en sus problemas es la mejor manera de vencer el temor.
- Si cree que Dios le está dirigiendo en cierta dirección, ponga su confianza en Él y dé un paso de fe.
- Nunca lamentará avanzar en obediencia a la dirección de Dios en su vida.

Solamente hay una felicidad en esta vida: amar y ser amado.

George Sand

CAPÍTULO 4

El poder de la gracia

Que la perfecta gracia y el eterno amor de Cristo nuestro
Señor sean nuestra protección y ayuda que nunca fallan.

San Ignacio

¿Ha pensado alguna vez en lo que impulsa su vida?

Piense en un auto, un barco, una cocina, o incluso algo sencillo como una secadora de cabello. Todas esas cosas están impulsadas por *algo*: gasolina, electricidad, energía solar, o gas natural. Sin una fuente de impulso sostenida, no funcionarán adecuadamente.

Ahora, ¿y usted? ¿Cuál es la fuente de impulso o poder para su vida? Si la respuesta es algo que depende de usted como su intelecto, su sentido de independencia, su fuerte ética de trabajo, su educación o su personalidad ganadora, debo advertirle que su vida no va a funcionar adecuadamente. Podría avanzar chisporroteando durante un tiempo, pero al final descubrirá que ninguna de esas fuentes de poder es suficiente para sostenerle y permitirle disfrutar de la vida.

Y si la fuente que impulsa su vida está construida en torno a otra persona como su cónyuge, sus hijos, la satisfacción que obtiene de su trabajo, sus amistades, o incluso su vida en la iglesia, el resultado no será mucho mejor. Tristemente, las personas pueden decepcionarnos. Las relaciones son importantes, pero no deben ser aquello de lo que dependemos para que impulse nuestras vidas. Otras personas pueden ser grandes bendiciones para nuestras vidas, pero siempre se quedarán cortas en cuanto a ser nuestra única fuente de poder.

Deje que le hable sobre el asombroso regalo que Dios nos ha dado y que sirve como el impulso (el poder) para nuestras vidas: su gracia.

La gracia es realmente asombrosa

He descubierto que todos nosotros, incluso personas que han sido cristianas por mucho tiempo, tenemos luchas de vez en cuando. Ninguno de nosotros es inmune a hábitos frustrantes, fracasos decepcionantes, o sentir ocasionalmente que no puede lograrlo. Pero la buena noticia es esta: cuando usted obtiene una revelación de la gracia de Dios en su vida, encuentra el poder para vencer esas luchas.

Permítame mostrarle a lo que me refiero…

Piense en un problema que puede estar tratando en su vida en este momento: un mal hábito, una frustración en el trabajo, un conflicto en una relación, o alguna otra cosa parecida que esté cargando su mente. Ahora quiero preguntarle: ¿Ha estado *intentando* en sus propias fuerzas hacer que las cosas salgan bien? Si es así, ¿cómo ha funcionado eso para usted? ¿Ha resuelto su problema, o se ha quedado corto sin llegar a la solución perfecta?

Si aún sigue tratando la misma frustración, no se desaliente, ¡pues está en el mejor lugar para entender lo asombrosa que es realmente la gracia de Dios! Mire, gracia es el poder de Dios, no el nuestro.

> *Gracia es el poder de Dios que nos capacita para hacer con reposo lo que nunca podríamos hacer por nosotros mismos.*

Gracia es el poder para vencer los malos hábitos, para hacer la paz en una relación, o para llevarle victoriosamente a través de cualquier prueba sin que usted *intente* hacerlo en sus propias fuerzas. En palabras sencillas, gracia es el poder de Dios que nos capacita para hacer con reposo lo que nunca podríamos hacer por nosotros mismos.

Lo único que nuestros intentos, nuestro esfuerzo, hace es

causar frustración, porque lo intentamos en nuestras propias fuerzas. Nunca podemos llegar a ser mejores sin la ayuda de Dios. Es interesante observar que intentarlo o *probarlo* no es un principio bíblico. Sí, la palabra "probar" está en la Biblia, pero no está ahí para decirnos que intentemos hacerlo mejor o ser mejores. Cuando estudiamos la Palabra, vemos que "probar" se utiliza haciendo referencia a la "prueba de nuestra fe", "probar los espíritus" o "probarnos para demostrar nuestro carácter". Toda nuestra *prueba*, nuestro esfuerzo humano apartados de Dios, en realidad es tan solo obras de la carne, y nunca producirá un cambio duradero. Solamente el poder de Dios, su gracia, puede hacer eso.

No me malentienda: es estupendo querer ser una mejor persona, y la Biblia sí nos enseña que hagamos todo esfuerzo posible por vivir una vida piadosa (ver 2 Pedro 1:5). Sin duda, no hay nada de malo en eso. De hecho, es un deseo que Dios nos da, pero Gálatas 3:10 nos dice con mucha claridad que cualquiera que intente vivir por sus propios esfuerzos, independientemente de Dios, está destinado al fracaso. Por eso con frecuencia nos encontramos frustrados o abrumados por distintas situaciones en nuestras vidas; intentamos solucionarlo por nosotros mismos, y eso nunca bastará. Si usted se ha encontrado en esa situación, la solución es sencilla. Lo único que tiene que hacer es...

Pedir ayuda a Dios

Dios le ama más de lo que nunca podría imaginar. Si ha aceptado a Jesús como su Salvador, es usted hijo o hija de Dios, y a Él le produce gozo ayudarle, pero Él nunca le dará una ayuda obligada en ningún momento. Usted tiene la elección de intentar hacer las cosas en sus propias fuerzas o pedirle a Él ayuda y guía en su vida. Demasiadas veces intentamos tercamente enmendarnos a nosotros mismos y solucionar situaciones en nuestras propias fuerzas. Yo creo realmente que a Dios se le rompe el corazón cuando nos ve batallando con situaciones en la vida cuando lo único que necesitamos hacer es detenernos y pedirle ayuda.

Dios me enseñó esta verdad de una manera que nunca olvidaré...

Mi esposo, Dave, es bastante alto, pero yo no lo soy. Tenemos una ventana realmente alta sobre el fregadero en nuestra casa. Cuando esa ventana está abierta, no hay manera de que yo pueda cerrarla sin mucho esfuerzo y un gran sufrimiento. Ahora bien, ¿cómo cree que se sentiría Dave si cada vez que yo necesito cerrar esa ventana saliera de la casa para ir a pedir ayuda al vecino de la casa contigua? ¿Y si intentara hacerlo por mí misma, esforzándome y estirándome, quizá subiéndome a la encimera, posiblemente tirando cosas al piso, llegando a agotarme...mientras que Dave se quedaba sentado allí cerca? Lo cierto es que eso sería realmente insultante para él. Sin duda alguna, le haría daño a Dave si yo me negara a apoyarme en su ayuda cuando la necesito.

Del mismo modo, a Dios le entristece vernos batallar sin necesidad, mientras que todo el tiempo Él está ahí a nuestro lado esperando simplemente que cambiemos la palabra *probar* por *confiar*. En cualquier cosa que pueda estar experimentando hoy, lo único que tiene que hacer es confiar en Dios y pedirle ayuda: su gracia.

> Lo único que tiene que hacer es confiar en Dios y pedirle ayuda.

Esa gracia le proporciona el poder para vivir una vida abundante. El esfuerzo, la lucha y el intento nunca pueden hacer eso. Efesios 2:8-9 nos dice muy claramente:

> Porque por gracia ustedes han sido salvados mediante la fe; esto no procede de ustedes, sino que *es el regalo de Dios, no por obras, para que nadie se jacte* (énfasis añadido).

De la misma manera que usted es salvo por la gracia de Dios, puede vivir cada día de su vida en el poder de la gracia de Dios. ¡Es la mejor manera de vivir! Lo único que tiene que hacer es humillarse, pedir ayuda a Dios, y después hacer lo que Él le diga que haga. Puede confiar en Él en lugar de hacerlo en sus propios esfuerzos, porque Él es poderoso y puede hacer cualquier cosa que usted necesite que haga. Usted tendrá un papel que desempeñar, pero Dios le dará la fortaleza para hacer lo que Él le pida que haga. Confíe en su bondad; Él le ama mucho, y quiere ayudarle a pesar de lo que esté experimentando. ¿No es eso asombroso?

Tenga en mente que Dios nos ha llamado a entrar en su reposo. Él no quiere que estemos frustrados, sino en cambio desea que podamos disfrutar de paz. Jesús dijo que Él nos dejó su paz, pero que necesitamos dejar de permitirnos a nosotros mismos estar inquietos y molestos, temerosos e intimidados (ver Juan 14:27). He aprendido que cuando me siento frustrada, es que me he permitido a mí misma entrar en obras de la carne, al intentar hacer con mis propias fuerzas lo que solamente Dios puede hacer, y que necesito renovar mi compromiso de recibir la gracia de Dios y trabajar con Él en lugar de intentar trabajar sin Él.

La frustración es una tarjeta de llamadas que me recuerda una vez más que tengo que apoyarme y confiar en Dios en vez de hacerlo en mí misma o en otras personas, y puede ser lo mismo para usted.

Gracia para vivir amando su vida

Creo que hay gracia a nuestra disposición cada día de nuestras vidas para cada situación que enfrentamos. Dios no se sorprende ni le agarra fuera de guardia cuando nos encontramos con una situación desafiante. Él sabía lo que usted tendría que tratar mucho antes de que llegara a su camino, y Él ya ha provisto todo lo que usted necesita para aprender de esa situación y atravesarla terminando en mejor estado que antes. Por eso la Biblia dice que podemos regocijarnos en el Señor *siempre* (ver Filipenses 4:4). Dios nunca nos pondrá en una situación o permitirá que estemos en una circunstancia sin darnos la capacidad de estar ahí con gozo.

> *Las cosas difíciles pueden hacerse con reposo cuando las hacemos mediante la gracia de Dios.*

El poder de la gracia es esencial para vivir amando su vida, porque el poder de Dios por usted hace algo más que ayudarle tan solo a sobrevivir a la vida; la gracia le da la capacidad de vivir una vida en Cristo vencedora, confiada y llena de gozo. Las cosas difíciles pueden hacerse con reposo cuando las hacemos mediante la gracia de Dios.

He oído a personas decir cosas como estas: "Estoy permaneciendo en esta situación", o "Intento hacer esto porque creo que es lo que Dios quiere que haga, pero me siento increíblemente miserable e infeliz". Bueno, estoy convencida de que no es así como Dios obra. Puede que no siempre sea fácil, pero si Dios nos ha puesto en una situación, Él nos dará una gracia especial para estar ahí. Me gusta esta afirmación: *"Dios nos da gracia para nuestro lugar"*. Eso significa que usted tendrá paz y gozo en medio de lo que experimente. La gente puede preguntarse cómo puede usted hacer lo que está haciendo y mantener tanta paz, y es un gran testimonio del poder de Dios obrando en su vida.

Deje que le dé un ejemplo. Para muchas personas, hablar en público es una empresa que da miedo. Se ponen nerviosas tan solo al pensar en ponerse de pie y hablar delante de una multitud, y mucho menos quieren hacerlo realmente. Pero a mí me encanta estar de pie delante de grandes grupos de personas y enseñar la Palabra de Dios. Hablo delante de miles de personas en nuestras conferencias y cruzadas sin tener ningún problema en absoluto, y hay solamente una razón por la que puedo hacerlo: es la gracia de Dios. Dios me ha dado gracia (su poder) en esa área para hacer lo que Él me ha llamado a hacer. Hay personas que me dicen todo el tiempo: "Joyce, ¡no sé cómo lo hace!". Pero a mí no me resulta difícil porque Dios me ha dado gracia para mi lugar, y eso me permite vivir amando y disfrutando mi vida.

De manera similar, hay cosas que usted hace, partes de su vida, para las que otras personas probablemente no tendrían la paciencia, la habilidad o la energía para hacerlas. Ya sea criar a niños pequeños, trabajar en un empleo en particular, desempeñar cierto papel ministerial o tratar un reto único, Dios le ha dado gracia para hacer eso porque es parte del plan que Él tiene para su vida. Usted recibe su gracia (favor y poder inmerecidos) por la fe, y necesita recordar que cuando esas áreas de la vida se pongan difíciles (y sin duda lo harán), usted no se aleja de la gracia de Dios. No intente perseverar por sí solo o encontrar la solución en sus propias fuerzas. En cambio, apóyese en Dios, confiando en que Él le dará la instrucción y las respuestas que necesita para seguir adelante. Puede que tenga que hacerlo día a día o incluso momento a momento, pero creo que descubrirá que cuando mantiene su enfoque y su dependencia de Dios, su nivel de gozo será mucho mayor.

Quiero que recuerde que las obras de la carne significan frustración, pero la gracia nos capacita para hacer con reposo lo que nunca podríamos hacer por nosotros mismos con ninguna cantidad de lucha y esfuerzo.

Hay un camino

La actitud con la que vivimos, el nivel de gozo, el nivel de paz, el nivel de estabilidad que tenemos, es lo que determina lo mucho o lo poco que disfrutamos de cada día de nuestras vidas. Si ha estado usted en este mundo por mucho tiempo, habrá aprendido que hay muy pocos días que discurren exactamente del modo en que a usted le gustaría. Hoy mismo, mientras escribo este libro, tenemos unas graves advertencias de inundación en nuestra ciudad. Nos enfrentamos al reto y a la incomodidad de estar encerrados durante algunos días, porque todas las autopistas y las carreteras que conducen hacia nuestra casa estarán cerradas. Yo tengo varias citas que necesitaré cambiar de fecha, y tengo que salir de la ciudad para realizar una conferencia. Si eso no fuera suficiente, al caminar por mi casa oí un goteo, y después de investigar, descubrí que hay una gotera en el techo por la que se filtra agua hasta el piso y la repisa de la chimenea.

Puedo molestarme y distraerme de lo que estoy haciendo, o puedo hacer lo que yo puedo hacer y confiar en que Dios se ocupe de todas las cosas que yo no puedo hacer. Hasta que dejemos de permitir que nuestro gozo esté determinado por nuestras circunstancias, nunca disfrutaremos de estabilidad. El salmista David dijo que cuando habitamos en la presencia del Altísimo, estaremos estables bajo la sombra del Omnipotente (ver Salmos 91:1).

Pero en medio de todos los retos y las sorpresas de la vida, hay buenas noticias: tenemos una manera de ser felices cuando las circunstancias no necesariamente encajan, o cuando no obtenemos una victoria tan rápidamente como nos gustaría, o cuando personas que nos rodean no son como nos gustaría que fueran, o cuando somos decepcionados. ¡Y ese camino es la gracia de Dios!

Recuerde: nunca hay poca provisión de gracia. Usted puede tener la cantidad que necesite de ella y con tanta frecuencia como lo necesite. La gracia de Dios se perfecciona en nuestras debilidades. Lo único que tenemos que hacer es pedir y recibir para que nuestro gozo sea completo (ver Juan 16:34). La gracia es como la electricidad que siempre entra en nuestros hogares: no nos beneficiamos de ella a menos que enchufemos algo. Con toda sencillez, gracia es poder, y recibimos ese poder al enchufarnos por fe. ¡Quizá esté batallando en su vida porque está *desenchufado*! Pero puede enchufarse en este momento y comenzar a recibir una provisión de poder inmediatamente que hará que la vida sea agradable.

La Biblia dice que a cada hombre se le da una medida de fe (ver Romanos 12:3). La medida que se nos da es la medida exacta que necesitamos para lo que Dios nos encomienda que hagamos. Por lo tanto, en lugar de intentar resolver nuestros problemas, arreglar cosas o hacer que las cosas funcionen, podemos soltar nuestra fe confiando en que Dios se ocupe de ellas. Entonces la gracia de Dios, su poder, llega por medio de ese canal de fe y nos permite hacer lo que no podríamos hacer por nosotros mismos, lo cual sorprenderá a otras personas y a nosotros mismos.

Le sugiero que tome un momento y le ofrezca a Dios cualquier cosa y todo lo que le frustra o le carga, nombrando esas cosas una por una. Entréguelas a Dios y pídale su gracia. Ahora, tome algún tiempo y recíbala por fe. Puede que no sienta que algo es diferente, pero crea que ha recibido lo que ha pedido, y después continúe con su vida. Después de hacer esto, si sigue sintiéndose frustrado y desgraciado en los próximos días y meses, entonces quizá debería revisar si está haciendo o no lo que Dios quiere que haga. Jesús no murió por nosotros para que pudiéramos pasar la vida luchando y meramente soportarla. Él quiere que vivamos plenamente y amemos completamente la vida que Él nos ha dado.

Hay momentos en nuestras vidas en que puede que pensemos que estamos haciendo lo que deberíamos estar haciendo, y sin embargo, nada parece estar funcionando bien y hemos perdido nuestro gozo. Entonces descubrimos que Dios quiere que hagamos un giro y vayamos en otra dirección. Puede que solamente sea un giro pequeño, o podría ser un cambio de sentido completo, pero recordemos siempre que Dios nunca nos llama a hacer algo que requiera una lucha constante y que cree una pérdida de gozo. No tenga temor al cambio, y no tenga temor a descubrir que en algún lugar en el camino de la vida usted hizo un giro equivocado.

Aquí tenemos un ejemplo que podría ayudar. A lo largo de los años, hemos cambiado nuestro calendario de conferencias cinco veces. En una ocasión, hicimos 36 conferencias en un año, y eso llegó a ser una lucha, así que las pasamos a 24 al año, y después de varios años eso se convirtió en una lucha, de modo que lo cambiamos a 18 conferencias al año. Después lo cambiamos a 13, y recientemente hicimos un cambio a 12, pero también eliminamos una sesión y hacemos tres en lugar de las cuatro que siempre hemos hecho. ¿Por qué cambiamos? Cada vez antes de hacer un cambio, descubrimos que lo que antes era fácil se estaba volviendo muy difícil y nos estaba dejando sin gozo, y sabíamos que esa no era la voluntad de Dios para nosotros.

Dios siempre nos da gracia suficiente para hacer lo que Él quiere que hagamos, y la presencia o ausencia de esa gracia es una de las maneras en que podemos discernir si estamos o no en la voluntad de Dios. Puede que estemos en la voluntad de Dios haciendo algo concreto en un periodo de nuestra vida, pero eso debe ser entregado para poder avanzar hasta el siguiente periodo. Muy pocos de nosotros, raras veces, hacemos cualquier cosa exactamente de la misma manera a lo largo de toda nuestra vida, y ser capaces de ser sensibles a periodos de cambio piadosos es muy importante para caminar en la voluntad de Dios.

No olvide…

- ¿En qué se está apoyando para que sea la fuente de poder de su vida? ¿Son sus propias fuerzas o capacidades? ¿Es otra persona o relación? ¿O es Dios y su gracia en su vida?
- Gracia es poder de Dios, no nuestro. Gracia es el poder para vencer malos hábitos, para establecer paz en una relación, o para llevarle victoriosamente a través de cualquier prueba sin frustración y miseria continuas.
- A Dios se le rompe el corazón cuando nos ve batallando con situaciones en la vida, cuando lo único que necesitamos hacer es detenernos y pedirle ayuda a Él.
- Si Dios le ha puesto en una situación, le dará una gracia especial para estar ahí. ¡Él le dará gracia para su lugar!
- El poder de Dios llega hasta usted libremente cuando pone su fe en Él.

Hay solamente dos maneras de vivir su vida. Una es como si nada fuera un milagro. La otra es como si todo lo fuera.

Albert Einstein

CAPÍTULO 5

No envenene el presente con el pasado

Me gustan los sueños del futuro más que la historia del pasado.

Thomas Jefferson

Comida basura. Contaminación del aire. Moho negro. Pensamientos oscuros. Rumores. ¿Qué tienen todas estas cosas en común? Respuesta: son malas para nosotros. Tóxicas. Destructivas. Todos sabemos evitar estos venenos dañinos. Demasiado acceso a ellos puede destruir nuestro cuerpo, nuestra alma o nuestro espíritu. Eso es sentido común. Sabemos evitarlos porque pueden hacernos daño... algunas veces de maneras irreparables.

Bien, hay algo igualmente destructivo que acecha en cada rincón de nuestra mente. Algo que es tan tóxico para nuestra alma como la contaminación lo es para nuestro cuerpo: el veneno del pasado. Es un peligro que puede limitar nuestra felicidad actual y destruir nuestra esperanza futura. La contaminación del dolor del pasado o un lamento anterior es un veneno que demasiadas personas ingieren inconscientemente cada día.

Yo lo sé por experiencia propia. Mire, durante años mi dolor del pasado dictó el modo en que encaraba mi vida y mis relaciones con otras personas. Me resultaba difícil confiar en alguien o creer que estaba segura cerca de las personas. Mis relaciones y mi mentalidad estaban afectadas por el trágico pasado que soporté. Era difícil para mí creer que alguna vez podría llegar a tener una vida verdaderamente buena porque había soportado un pasado verdaderamente doloroso. Hasta que encontré sanidad en el Señor, así era como yo pensaba que iba a ser: de segunda categoría, inferior, enojada, amarga, defraudada y temerosa.

Pero la buena noticia es que, con la ayuda de Dios, aprendí que mi pasado no tenía que definir mi futuro. No tuve un buen comienzo en la vida, ¡pero estoy decidida a tener un buen final! No fui llamada por Dios a ser una víctima toda mi vida, ni tampoco lo fue usted. Él tiene preparado algo mucho mejor. Cuando aprendí que mi pasado no tenía que definirme, pude comenzar a permitir que la Palabra de Dios me definiera. Fue un descubrimiento revelador. Comencé a ver que yo no era una víctima o una historia triste; era una hija de Dios. Era amada, aceptada y cuidada, y tenía un futuro increíblemente bueno en Cristo.

> No fui llamada por Dios a ser una víctima toda mi vida, ni tampoco lo fue usted.

Lo mismo es cierto para usted. Sin importar lo que hizo en el pasado, o lo que alguien le hizo, es usted algo más que su dolor del pasado. Le pertenece a Dios, y Él tiene un buen plan para usted. Jeremías 29:11 dice:

> Porque yo sé muy bien los planes que tengo para ustedes—afirma el Señor—, planes de bienestar y no de calamidad, a fin de darles un futuro y una esperanza.

Pero a fin de experimentar ese futuro brillante, y a fin de vivir amando su vida actual, es vitalmente importante que suelte el veneno del pasado. Cuando lo haga, comenzará a disfrutar del presente independientemente de cuál sea el pasado.

Sanidad del dolor del pasado

Recibo aliento cuando estudio la Palabra de Dios al ver que, a lo largo de su ministerio, Jesús llevó sanidad: sanidad física, mental, emocional y espiritual.

- Cuando el ciego clamó a Él desde un lado del camino, Jesús se detuvo y abrió sus ojos (ver Lucas 18:35-42).
- Cuando Pedro estaba devastado por su fracaso, Jesús se propuso dejar saber a Pedro que aún tenía un futuro (ver Juan 21:15-21).
- Cuando una mujer agarrada en adulterio fue llevada ante Jesús, Él ofreció gracia y después dijo: "vete y no peques más" (ver Juan 8:3-11).

Estos son tan solo algunos de los muchos ejemplos de sanidad divina; Jesús nunca dejó pasar una oportunidad de sanar a personas de su dolor. Y no es solamente un fenómeno limitado a tiempos bíblicos. Hebreos 13:8 nos da una promesa asombrosa:

Jesucristo es el mismo ayer y hoy y por los siglos.

Igual que Jesús sanó a personas de su dolor en el Nuevo Testamento, sigue sanando en la actualidad. Cualquier dolor, abuso o desengaño que haya experimentado en el pasado, Jesús puede sanarle de modo que pueda avanzar y vivir una vida sana y completa en Él. No hay ningún trauma demasiado grande, ni ningún error demasiado costoso; Jesús puede sanarlo todo. ¡No hay pozo tan profundo al que Jesús no pueda llegar y sacarle a usted de ahí!

> ¡No hay pozo tan profundo al que Jesús no pueda llegar y sacarle a usted de ahí!

Para evitar que el pasado envenene su presente, es importante saber esto. Si usted quiere amar su vida realmente, antes debe recibir la santidad que le pertenece en Cristo Jesús. Si hay algo de su pasado que esté intentando envenenar su presente (y su futuro), quiero alentarle a hacer esta oración (u otra parecida) en este momento:

> Padre, tú conoces el dolor que he soportado. Tú sabes lo que hice, o lo que me hicieron, en mi pasado. Tú sabes cómo me ha afectado y cómo me he quedado atascado en ese trauma del pasado. Es mi oración hoy que sanes mi alma y me des esperanza para un futuro mejor. Decido soltar el pasado y confiar en ti a medida que avanzo en la vida. No quiero seguir siendo retenido por mi pasado. Sáname totalmente y por completo, y ayúdame a dar los pasos que necesito dar para comenzar una vida completamente nueva en ti.

Le aliento a recordar que nuestro caminar con Dios es un viaje, y nuestro camino es cada vez más brillante a medida que continuamos con Él. No cometa el error que cometen muchas personas, al pensar que toda la sanidad debería ser instantánea. La sanidad toma tiempo, ¡y deberíamos disfrutar de cada paso y de cada pequeño progreso!

Nueva esperanza para el futuro

Martha Washington dijo: "La mayor parte de nuestra felicidad o desgracia depende de nuestras disposiciones, y no de nuestras circunstancias"[5]. En otras palabras, la mentalidad que usted tenga con respecto a su futuro, y no sus circunstancias actuales, va muy lejos a la hora de determinar qué tipo de vida va a vivir usted.

Me encanta lo que dice el apóstol Pablo en Efesios 4:22-23:

> Con respecto a la vida que antes llevaban... ser renovados
> en la actitud de su mente.

Ser renovado en la actitud de su mente es esencial si quiere descubrir cómo vivir amando su vida. Usted puede vencer cualquier situación difícil o dolor de su pasado si se pone de acuerdo con Dios y dice: "Sí, eso sucedió en mi vida, pero Dios está de mi lado, y sé que Él tiene un buen plan para mí".

> *Lo que nosotros podemos ver como un camino sin salida, ¡Dios lo ve como un nuevo comienzo!*

Con la ayuda de Dios, puede usted vencer su pasado y aprender a tener una gran esperanza para el futuro. Dios está interesado en todo lo que concierne a usted, y nunca piense que Él está demasiado ocupado para ayudarle. Lo que nosotros podemos ver como un camino sin salida, ¡Dios lo ve como un nuevo comienzo!

Los israelitas no podían ver la visión de Dios para sus vidas, y por eso estuvieron vagando en el desierto por cuarenta años. Ellos miraban todo mediante el prisma de su pasado. De hecho, tenían una visión tan pequeña para el futuro que querían regresar a Egipto y volver a la vida de esclavitud que antes conocían. El pasado no era bueno, pero les resultaba familiar. No dejaban de mirar atrás a Egipto, pero mientras tanto Dios quería que tuvieran esperanza para el futuro.

> *Necesitamos obtener una visión que vaya más allá de lo que ya hemos experimentado.*

Seríamos sabios en aprender una lección de los israelitas. Si queremos ver que se produzcan cambios en nuestras vidas, necesitamos obtener una visión que vaya más allá de lo que ya hemos experimentado. Necesitamos mirar adelante con esperanza para el futuro.

La mejor manera de hacer eso es estar firmes en las promesas de la Palabra de Dios. Por ejemplo, la Palabra de Dios dice:

> Y estoy seguro de que Dios, quien comenzó la buena obra en ustedes, la continuará hasta que quede completamente terminada el día que Cristo Jesús vuelva.
>
> Filipenses 1:6, NTV

> No nos cansemos de hacer el bien, porque a su debido tiempo cosecharemos si no nos damos por vencidos.
>
> Gálatas 6:9

> La senda de los justos se asemeja a los primeros albores de la aurora: su esplendor va en aumento hasta que el día alcanza su plenitud.
>
> Proverbios 4:18

Estas promesas, y muchas más como ellas, nos dan esperanza en que Dios tiene preparadas grandes cosas. Puede que haya batallado en el pasado, pero eso no significa que siempre batallará. ¡Espere que le suceda algo bueno en cualquier momento!

Nuestra esperanza no está limitada por lo que podemos ver a nuestro alrededor o lo que experimentamos anteriormente. La esperanza que nos sostiene es una esperanza que está basada en la Palabra de Dios y en sus promesas para nuestras vidas. Dios siempre está haciendo algo nuevo. Por eso Isaías 43:18-19 dice: "Olviden las cosas de antaño; ya no vivan en el pasado. ¡Voy a hacer algo nuevo!

> La esperanza que nos sostiene es una esperanza que está basada en la Palabra de Dios y en sus promesas para nuestras vidas.

Ya está sucediendo, ¿no se dan cuenta? Estoy abriendo un camino en el desierto, y ríos en lugares desolados".

Si su pasado podría describirse fácilmente como un desierto o un lugar desolado, cobre esperanza: ¡Dios está haciendo algo nuevo! Sencillamente siga el plan de Él en lugar de sus propios pensamientos o sentimientos (que son poco confiables). Deje atrás sus circunstancias y enfóquese en las promesas que Dios ha bosquejado para usted en su Palabra. Eso le dará la esperanza que necesita para comenzar a vivir amando su vida.

Satanás no quiere que usted disfrute o ame su vida, y hará todo lo que pueda para desalentarle e intentar hacerle pensar que nunca le sucederá nada bueno. Él es un mentiroso, y la verdad no está en él, de modo que no lo escuche. Jesús dijo:

> El ladrón no viene más que a robar, matar y destruir; yo he venido para que tengan vida, y la tengan en abundancia.
>
> Juan 10:10

Visión para dejar atrás sus circunstancias

Cuando se trata de obtener una visión para el futuro, algunas personas se confunden. "¿Qué significa eso? ¿Cómo tengo una visión? ¿Es tan solo lenguaje espiritual?". Bueno, deje que le muestre un ejemplo de lo que hablo.

En Génesis 13, Abraham tenía una gran decisión que tomar. Mire, él y su sobrino Lot tenían demasiado ganado al que alimentar en la tierra. Eran demasiados, y el espacio limitado estaba causando problemas, de modo que Abraham le dijo a Lot: "Vayamos por caminos separados. Te dejaré escoger la tierra que quieras. Tú elegirás primero". De manera egoísta, Lot escogió la mejor parte del valle del Jordán para él.

Fue aquí donde entró en escena la decisión de Abraham. Él podría haberse enojado y haber tenido una mala actitud. Podría haber insistido: "¡Eso no es justo! ¿Cómo pudiste hacerlo?". Pero en cambio, Abraham confió en que Dios tenía un buen futuro para él; confió en la bondad de Dios, sabiendo que Dios era quien tenía el control.

En los versículos 14-15, esto es lo que sucedió: "Después de que Lot se separó de Abram, el Señor le dijo: Abram, levanta la vista desde el lugar donde estás, y mira hacia el norte y hacia el sur, hacia el este y hacia el oeste. Yo te daré a ti y a tu descendencia, para siempre, toda la tierra que abarca tu mirada".

¡Este es un ejemplo de visión! En lugar de enfocarse en sus circunstancias (en que Lot agarró lo que parecía ser el mejor terreno), Abraham confió en lo mejor de Dios para su futuro...y dio resultados. El Señor le mostró todas las cosas buenas que estaban preparadas. Bueno, de manera muy parecida, Dios le ha mostrado a usted todas las cosas buenas que están preparadas para su vida. De eso se tratan las promesas que hay en su Palabra. Si usted deja atrás sus circunstancias, confía en Dios y se mantiene firme en sus promesas, Él le dará la visión para ver que Él le bendecirá de maneras mucho más grandes de las que usted puede imaginar. Las promesas de Dios son para cualquiera que crea en ellas. Lo que creemos es decisión nuestra, de modo que ¿por qué no creer algo bueno?

Por lo tanto, permítame alentarle: deje de pensar en todo lo que ha perdido, en todo lo que cree que usted no es, en el modo en que le han tratado en el pasado, y en todo aquello que tiene ganas de abandonar. En cambio, fije su mente en la visión de Dios para su futuro. La Palabra de Dios nos dice que cuando el ladrón es descubierto, debe devolver lo que ha robado multiplicado por siete (ver Proverbios 6:31). Cuando dejamos de culpar de nuestras vidas infelices a Dios, a otras personas y a nuestras circunstancias y situamos la culpa donde pertenece verdaderamente, que es sobre el diablo, puede comenzar nuestra sanidad.

Enfóquese en la sanidad de Dios para su vida y en su gran plan para hacerle avanzar. Cuando lo haga, descubrirá que el dolor del ayer comenzará a desvanecerse, y que una nueva esperanza para el mañana será cada vez más brillante. Medite en estas promesas, y a medida que lo haga, alimentarán su fe y la mantendrán fuerte.

Vuelvan a su fortaleza, cautivos de la esperanza, pues hoy mismo les hago saber que les devolveré el doble.

Zacarías 9:12

Después de haber orado Job por sus amigos, el Señor lo hizo prosperar de nuevo y le dio dos veces más de lo que antes tenía.

Job 42:10

El Señor te concederá la victoria sobre tus enemigos. Avanzarán contra ti en perfecta formación, pero huirán en desbandada.

Deuteronomio 28:7

En vez de su vergüenza, mi pueblo recibirá doble porción; en vez de deshonra, se regocijará en su herencia; y así en su tierra recibirá doble herencia, y su alegría será eterna.

Isaías 61:7

Antídotos y nutrientes que dan vida

Comenzamos este capítulo hablando de las cosas que pueden envenenar nuestras vidas: lo más destacado, el veneno del pasado. La Palabra de Dios contiene la respuesta a cada problema que jamás pudiéramos encontrar, y da vida a quienes la creen. La Biblia está llena de antídotos para esos venenos, por ejemplo...

- Dios le ama incondicionalmente y siempre lo hará.
- Entienda que todos sus pecados han sido perdonados. Cuando usted le pide perdón a Dios, ¡Él no vuelve a recordar sus faltas!
- Siga la dirección e instrucción del Espíritu Santo. Sencillamente pídale a Dios su paz y sabiduría, ¡y Él le mostrará los pasos que debe dar!

- Viva en el gozo de saber que no está solo. Dios está con usted, ¡y Él promete no abandonarle nunca!
- Confíe en que Dios es su protección. Sin importar quién o que esté contra usted, Dios es su defensor. Permita que Él luche sus batallas… ¡Él nunca pierde!
- ¡Acepte la esperanza basada en la Biblia de que están preparadas grandes cosas para su futuro!

Si se enfoca en estas cosas buenas de su Padre celestial, no hay manera de que el pasado pueda seguir reteniéndole. Nunca volverá a vivir como una víctima del dolor o las circunstancias anteriores. En cambio, se desarrollará en la vida que Dios tiene para usted.

Pelee la buena batalla de la fe y no deje que el enemigo robe, mate o destruya otro día de su vida. El pasado ha terminado, el presente está aquí, y el futuro de Dios está por delante de usted. Él tiene preparada una vida llena de esperanza, propósito, fortaleza y promesa. ¡Esa es una vida que usted puede amar verdaderamente!

No olvide…

- Con la ayuda de Dios, su pasado no tiene que definir su futuro.
- Jesús es el gran sanador. Él puede sanarle de cualquier dolor o trauma del pasado. Simplemente pídale su sanidad y confíe en que Él lo hará.
- Ser "renovados en la actitud de su mente" es esencial si quiere descubrir cómo vivir amando su vida.
- Usted es un hijo de Dios amado que tiene prometido un futuro increíble.
- Si deja atrás sus circunstancias del pasado, confía en Dios y permanece en sus promesas, Él le bendecirá de maneras mucho mayores de las que puede imaginar.

Un gran libro comienza con una idea; una gran vida, con una determinación.

Louis L'Amour

CAPÍTULO 6

Cuente sus bendiciones

*Reflexione en sus bendiciones presentes, de las cuales todos
los hombres tienen muchas, y no en sus desgracias pasadas,
de las cuales todos los hombres tienen algunas.*

Charles Dickens

Recientemente escuché sobre una conversación que tuvo con un
amigo R. C. Chapman, un conocido pastor y evangelista, y este inter-
cambio me tocó de una manera muy honda. La historia dice que una
mañana le preguntaron a Chapman cómo se sentía. Es una pregunta
sencilla, que nos han hecho a todos miles de veces: "¿Cómo estás
hoy?".

La respuesta de Chapman permaneció conmigo. Él dijo: "Esta
mañana estoy cargado". Su amigo quedó un poco confuso, porque
dijo esas palabras con una gran sonrisa en su rostro. Quien hacía la
pregunta le dijo: "¿Está usted realmente cargado, señor Chapman?".

"Sí, pero es una carga maravillosa. Es una sobreabundancia de
bendiciones por las cuales no puedo encontrar tiempo ni palabras
suficientes para expresar mi gratitud", respondió R. C. Chapman.
"Me refiero a Salmos 68:19, que describe plenamente mi condición.
En ese versículo, el Padre celestial nos recuerda que Él nos colma de
beneficios diariamente".

¡Vaya! Me encanta esa actitud, y me encanta ese versículo de la
Escritura. Salmos 68:19 completo dice: "Bendito el Señor; cada día
nos colma de beneficios el Dios de nuestra salvación" (RVR1960).

R. C. Chapman intentaba decirle a su amigo algo que todos seríamos sabios en entender: "¡Dios me ha bendecido tanto que apenas puedo soportarlo! ¡Estoy cargado de bendiciones!". Esta actitud, esta perspectiva de la vida, es un paso importante en aprender a vivir amando la vida que Dios le ha dado.

Ahora bien, puede leer esas palabras del Dr. Chapman y pensar: *Yo no me siento tan bendecido. Me refiero a que reconozco que tengo algunas bendiciones en mi vida, pero sin duda no estoy abrumado por bendiciones.* Bueno, por eso he incluido este capítulo en este libro; ¡quiero recordarle cuán verdaderamente bendecido es usted!

Mire, es fácil pasar por alto las cosas buenas que Dios nos ha dado. Con frecuencia, podemos estar ocupados con las tareas y los retos de nuestras vidas diarias, tan ocupados, de hecho, que fácilmente pasamos por alto las incontables bendiciones que disfrutamos. Pero por eso hay tantas personas que están viviendo vidas frustradas, sin gozo y decepcionadas. Sencillamente han olvidado, o quizá nunca se han dado cuenta, de cuán bendecidos son realmente.

Hace un par de años atrás tomé una decisión en el mes de enero. Establecí la meta para mí misma de ser agradecida al menos por una bendición cada día del año. Durante todo el año intenté lo mejor que pude hacer eso, y en el proceso aprendí algo valioso: quejarme no cambiaba nada. Enfocarme en un problema o situación negativo no hacía que mejorara la situación; lo único que hacía era que yo me sintiera peor. Pero cuando decidí buscar y enfocarme en las cosas buenas, comencé a disfrutar cada día de una manera en que nunca antes lo había hecho.

A lo largo de los años he hecho muchas listas para recordarme a mí misma la bondad de Dios y sus bendiciones. Y hasta la fecha, puedo mirar esas listas y ser alentada. Algunas de las cosas que he escrito en esas listas son:

- El amor de mi familia y mis amigos.
- El privilegio de enseñar la Palabra de Dios.

- Poder alcanzar y ayudar a personas.
- Las provisiones diarias de Dios.
- Agua potable y buena comida.

Estos son solamente algunos ejemplos de las bendiciones de Dios. Cada vez que miro esas cosas, vuelvo a sentirme contenta y llena de paz. Al contar mis bendiciones, toda mi perspectiva y actitud hacia la vida mejoran tremendamente... y la de usted también lo hará.

De regreso a lo fundamental

Santiago 1:17 dice: "Toda buena dádiva y todo don perfecto descienden de lo alto, donde está el Padre". Comparto ese versículo con usted porque estoy convencida de que es un principio espiritualmente fundamental que necesitamos recordar. *Toda* cosa buena que tenemos nos ha sido dada por Dios para ayudarnos a disfrutar nuestras vidas.

Una de las primeras cosas que enseñamos a nuestros hijos es a contar. Es muy bonito ver sus pequeñas caritas iluminarse cuando les elogiamos por recordar que el cuatro va detrás del tres, y que el diez es el número de dedos que tienen. Exclamamos con felicidad: "¡Eres muy listo! ¡Qué bien sabes contar!".

Aún recuerdo que mis hijos (y ahora mis nietos) llegaban a casa del kínder mostrando lo buenos que eran al aprender a contar. "¡Mamá, puedo contar hasta cincuenta! ¡Abuela, escucha cómo cuento hasta cien!". Es una de las primeras cosas que aprendieron... y estaban muy contentos y deseosos de demostrar sus habilidades recién adquiridas.

Estoy segura de que usted podrá identificarse. Sin duda habrá observado a un hijo o una hija, un sobrino o sobrina, contar con orgullo con sus dedos o mostrar confiadamente sus destrezas básicas en matemáticas. Contar es un rito de pasaje. Es el fundamento para cada problema matemático que resolveremos jamás.

Bueno, igual que la destreza de saber contar lo básico es fundamental para nuestros hijos, creo que la destreza de contar nuestras
bendiciones es fundamental para cada cristiano. Cuando aprendemos a enfocarnos en las cosas buenas que Dios ha hecho por
nosotros, en lugar de hacerlo en
los problemas o las distracciones
que podamos estar enfrentando,
¡no hay absolutamente nada que
pueda robar nuestro gozo! Aun-
que esto es algo que la mayoría de nosotros deberíamos hacer, con
frecuencia lo olvidamos y necesitamos que nos lo recuerden.

> *La destreza de contar nuestras bendiciones es fundamental para cada cristiano.*

Pienso en el modo en que yo solía vivir mi vida, y no es extraño
que estuviera molesta, desalentada y frustrada todo el tiempo. Mire,
yo era una persona que se enfocaba en los acontecimientos negativos
de mi día. No puedo decirle cuántos de mis días quedaron arruinados debido a algo que alguien dijo o algo que no salió del modo en
que yo lo había planeado.

No era porque yo fuera una mala persona. De hecho, intentaba
ser la mejor persona que pudiera. Amaba a Dios, y sentía pasión por
estudiar su Palabra. Sin embargo, aún no entendía los beneficios
fundamentales de contar mis bendiciones. En lugar de ver las cosas
buenas en mi vida, me enfocaba en las cosas negativas. En lugar de
contar mis bendiciones, en realidad hacía lo contrario: estaba contando mis desengaños. Era algo parecido a lo siguiente:

¿Qué ha salido mal hoy? Bueno, mm., veamos…

1. Dave se fue a jugar al golf en lugar de pasar tiempo conmigo.

2. Una amiga canceló nuestra cita para tomar café.

3. El supermercado no tenía lo que yo necesitaba.

4. Los niños me están frustrando de verdad.

¿Ve el cuadro? No es extraño que yo fuera infeliz. ¡Estaba emple-
ando mi energía en contar las cosas equivocadas!

¿Se ha encontrado alguna vez obsesionado por todas las cosas que salieron mal en el día en lugar de hacerlo en todas las cosas que salieron bien? ¿Ha pasado alguna vez la tarde hablando a su cónyuge o a su amigo sobre cada cosa mala en su día en lugar de hacerlo sobre cada cosa buena? Si lo ha hecho, no sea demasiado duro con usted mismo. Creo que todos hemos caído en la trampa de la negatividad. Una mala noticia es como un mal titular: capta toda nuestra atención.

Pero en vez de enfocarse en los eventos negativos de su día, permítame alentarle a regresar a los puntos básicos y rituales y tomar un curso de renovación en contar sus bendiciones. A continuación hay algunas maneras de hacer eso:

- *Recuerde* que la Palabra de Dios nos enseña a "no olvidar" las bendiciones de Dios.

  Alaba, alma mía, al Señor, y no olvides ninguno de sus beneficios.

  Salmos 103:2

- *Entienda* que Dios nos ha bendecido con "toda bendición espiritual".

  Alabado sea Dios, Padre de nuestro Señor Jesucristo, que nos ha bendecido en las regiones celestiales con toda bendición espiritual en Cristo.

  Efesios 1:3

- *Regocíjese* en que incluso cuando esté teniendo un mal día, Dios está a su lado para ayudarle a atravesarlo.

  Bendito sea el Señor, nuestro Dios y Salvador, que día tras día sobrelleva nuestras cargas.

  Salmos 68:19

Recordar, entender, regocijarse; no es tan difícil si lo piensa. De hecho, si tiene tendencia a enfocarse en las cosas negativas en su vida, podría crear un cartel que diga: "Recordar – Entender – Regocijarse". Póngalo en algún lugar donde lo vea con frecuencia

¡Haga lo que sea necesario para ayudarle a contar sus bendiciones!

Las pequeñas cosas cuentan

Cuando se trata de vivir amando la vida, con mucha frecuencia nos enfocamos en las cosas grandes. Pensamos: *Sería mucho más feliz si tuviera una carrera distinta*, o: *Si pudiera encontrar una pareja, entonces mi vida sería estupenda*, o: *Cuando tenga más dinero, o más inversiones rentables, será entonces cuando pueda comenzar a relajarme y disfrutar de la vida*. Pero no son las grandes cosas las que con frecuencia nos roban el gozo; son las pequeñas cosas.

Piénselo: son las cosas más pequeñas e inesperadas en el curso de un día las que pueden causar que queramos tirarnos del cabello. El café se derrama dentro del auto, una fila lenta en el supermercado, un pequeño desacuerdo con un compañero de trabajo, un correo electrónico que no se envió, un atasco de tráfico de camino al trabajo, un golpe de viento que nos despeinó: estas son las pequeñas cosas que pueden hacer que el día comience con mal pie.

Pero igual que un poco de negatividad intenta arruinarle el día, las pequeñas bendiciones en la vida pueden hacer que su día sea estupendo; todo depende de dónde esté su enfoque. Por lo tanto, cuanto esté contando sus bendiciones, no se limite a sentarse pasivamente, esperando a que lleguen las grandes bendiciones... comience con las cosas pequeñas. Un hermoso amanecer, levantarse con salud, la alegría en la risa de un niño, una cena estupenda, un elogio de un amigo, una deliciosa taza de café: estas bendiciones se suman rápidamente. No son solo

> *Las pequeñas bendiciones en la vida pueden hacer que su día sea estupendo*

las cosas grandes en la vida las que nos dan alegría; las pequeñas bendiciones nos recuerdan que tenemos mucho que amar en nuestras vidas.

Henry David Thoreau dijo: "Un paseo en la mañana temprano es una bendición para el día entero".[6]

Y Mark Twain nos recordó: "El humor es la mayor bendición de la humanidad".[7]

Estas citas no hablan de una economía boyante o un elaborado paquete de vacaciones; son recordatorios de que la paz y la alegría pueden encontrarse en las cosas comunes, poco caras y que se pasan por alto en la vida, como un paseo o una risa. Es un pensamiento maravilloso: el contentamiento a menudo se encuentra en las pequeñas cosas.

Yo he descubierto que eso es verdad personalmente en mi vida. Con los años, he aprendido a ralentizar el paso y disfrutar incluso de las bendiciones más pequeñas en cualquier día dado. Unas palabras amables de Dave, una buena película, un elogio de una amiga: estas "pequeñas" cosas son en realidad muy importantes. Son las cosas que me recuerdan cuán bendecida soy realmente.

¿Y qué de usted? ¿Cuáles son las bendiciones diarias que podría haber pasado por alto? ¿Tiene amigos o familiares con quienes podría disfrutar de un almuerzo? ¿Es hermoso el clima donde usted vive hoy? ¿Tiene una cama donde dormir y agua potable para beber? (Muchos en el mundo no tienen ninguna de esas cosas). ¿Tiene un empleo con el que pagar las facturas? ¿Se encuentra bien físicamente? ¡Hago estas preguntas para recordarle que las pequeñas cosas importan! No las pase por alto, ni tampoco las dé por sentadas; estas bendiciones básicas son esenciales para amar de verdad su vida.

Bendecidos para ser bendición

Marquis de Lafayette fue un político y general francés que fue un aliado de George Washington en la Revolución Americana. Él fue fundamental en ayudar a las colonias a obtener su independencia. Se cuenta la historia de que después de terminar la guerra, él regresó a Francia y retomó su vida como granjero. Tenía muchas tierras y había mucho trabajo que hacer.

En 1783 la cosecha en la región circundante no produjo mucho. Casi todos sus vecinos sufrieron como resultado de la mala cosecha; sin embargo, las granjas de Lafayette fueron la excepción, y le fue bastante bien ese año. Pudo llenar sus graneros de trigo cuando los granjeros que le rodeaban no pudieron hacerlo.

Uno de sus trabajadores pensó que ese era un momento estupendo para aprovechar la oportunidad. Al ver cuán prósperos habían sido, sugirió a Lafayette: "Este es el momento para vender. Las malas cosechas han elevado el precio del trigo. ¡Podemos obtener un gran beneficio!". Tras pensar en la situación y en los labriegos hambrientos en el campo circundante, el exgeneral no estuvo de acuerdo con la sugerencia de obtener un beneficio. Decidiendo no maximizar sus beneficios a expensas de los demás, respondió simplemente: "No, este es el momento para dar".[8]

Me encanta esta historia porque refleja una actitud muy bíblica: Dios nos bendice para que podamos ser una bendición para otros. Marquis de Lafayette podría haberse guardado todas sus cosechas para sí, engordando su cuenta bancaria y enfocándose en su propio interés, pero en cambio decidió ayudar a otros. Podemos aprender una valiosa lección de su ejemplo: la idea de contar nuestras bendiciones no es para que podamos acumular beneficios para nosotros mismos... es para que podamos compartir esas bendiciones con otros.

> La idea de contar nuestras bendiciones no es para que podamos acumular beneficios para nosotros mismos.

Salmos 21:6 (NTV) lo expresa de este modo:

Lo has dotado de bendiciones eternas y le has dado la alegría de tu presencia.

Y Filipenses 2:4 nos enseña:

Cada uno debe velar no solo por sus propios intereses,
sino también por los intereses de los demás.

Es una bendición doble: Dios nos bendice y entonces nos da la
oportunidad de bendecir a otros. ¡Esta es una de las mejores maneras de vivir amando su vida! Es sabido que Henry Nouwen dijo:
"Dar una bendición a alguien es la afirmación más significativa que
podemos ofrecer".[9] Cuando aprende usted a ser desprendido, com-
partiendo sus muchas bendiciones con quienes le rodean, no puede
evitar tener un corazón lleno de gozo. ¡La generosidad es la llave de
la felicidad!

Al concluir este capítulo, permítame alentarle a hacer dos cosas
en este día:

1. Cuente las bendiciones que hay en su vida. Recuerde que
   no se trata de las cosas grandes (aunque son importantes).
   Cuente también las pequeñas cosas.

2. Cuente las maneras en que puede compartir con otros esas bendiciones. ¿Hay alguna mamá soltera que conozca y que podría
   aprovechar un poco de ayuda? ¿Conoce a alguien que esté
   desesperado por recibir aliento? ¿Hay necesidades en su comu-
   nidad que usted podría ayudar a satisfacer? Cualquier cosa que
   pueda hacer para ayudar, intervenga y sea una bendición.

Dios le ama tanto que derrama generosamente su bondad, su paz,
su gozo y sus bendiciones sobre su vida. Nunca olvide eso. Usted
está lleno de bendiciones del cielo, y con ese conocimiento, busque
maneras de bendecir a otros a cambio. No hay mejor momento para
comenzar que ahora mismo. Hoy es una oportunidad perfecta para
ayudar a otra persona. Piénselo de este modo: *¡ahora es el momento
para dar!*

No olvide...

- Esta es una actitud estupenda que podemos tener: *¡Dios me ha bendecido tanto que apenas puedo soportarlo! ¡Estoy lleno de bendiciones!*

- Muchas personas viven vidas sin gozo y frustradas porque simplemente han olvidado, o quizá ni siquiera han entendido, cuán bendecidas son realmente.

- Cuando aprendemos a enfocarnos en las cosas buenas que Dios ha hecho por nosotros en lugar de hacerlo en los problemas o distracciones que puede que enfrentemos, ¡no hay absolutamente nada que pueda robarnos el gozo!

- Cuando esté contando sus bendiciones, no se siente pasivamente, esperando a que lleguen las grandes bendiciones... comience con las pequeñas bendiciones.

- Dios le bendice y después le da la oportunidad de bendecir a otros. ¡Esta es una de las mejores maneras de vivir amando su vida!

Nunca nadie se ha vuelto
pobre por dar.

Anne Frank

SECCIÓN II

Ámese a usted mismo y vivirá amando su vida

Porque somos hechura de Dios, creados en Cristo Jesús para buenas obras, las cuales Dios dispuso de antemano a fin de que las pongamos en práctica.

Efesios 2:10

CAPÍTULO 7

Permítase un respiro

Nunca es demasiado tarde para ser lo que usted podría haber sido.

George Eliot

Imagine conmigo que usted se presta voluntario en una escuela elemental local. Se abrió un hueco en su calendario y usted decidió apuntarse para liderar un grupo de lectura y ayudar con las manualidades para la clase de kínder de la escuela. Después de aproximadamente un mes se ha aprendido los nombres de todos los niños, ha descubierto sus personalidades individuales y características, y le encanta totalmente la experiencia de trabajar con esas mentes del futuro. Sin embargo, hay una cosa que le está molestando...es el pequeño Timmy.

Timmy es un alumno entusiasta. Se lleva bien con sus compañeros de clase, y le saluda a usted cada día con un gran abrazo. A Timmy le encanta la escuela, y a usted sin duda le gusta ayudarle a aprender. Pero Timmy se exige tanto a sí mismo para tener éxito que fácilmente se frustra consigo mismo.

Algunos días, usted encuentra a Timmy musitando para sí: "Me gustaría ser inteligente como mi hermano". Otros días lo ve practicando su ortografía durante el receso mientras los otros niños están jugando en el patio. Y algunas veces durante la clase, Timmy comenzará a llorar si colorea por fuera de las líneas o hacer mal su proyecto de arte.

Usted le dice: "Está bien, Timmy. No te preocupes; no es gran cosa. Podemos arreglarlo". Pero, rara vez Timmy acepta sus palabras de aliento. Tiene tantas ganas de hacer todo bien, de agradar a sus padres e impresionar a sus maestros, que interioriza cada error. Timmy es tan perfeccionista que está descontento la mayoría de los días. Usted se pregunta cómo un niño puede poner tanta presión sobre sí mismo, y se le rompe el corazón cuando le ve batallando.

Le dibujo ese cuadro porque creo que a Dios se le rompe el corazón cuando le ve batallar a usted. Usted es un hijo de Dios, y Él no quiere que ponga tanta presión sobre usted mismo. Cuando comete un error, pierde los nervios, olvida una cita, o cualquier otra cosa, para Dios es el equivalente de colorear por fuera de las líneas. Usted se está flagelando por ello, pero Dios está diciendo: "Está bien. No es gran cosa. Podemos arreglarlo".

> *Dios no quiere que ponga tanta presión sobre usted mismo.*

Dios sabe que usted no es perfecto, y le ama y acepta en su imperfección... ¿no es momento de que usted haga lo mismo?

Creo que una de las mejores maneras de vivir amando su vida es permitirse a usted mismo un respiro. ¡No se enoje consigo mismo si ocasionalmente colorea fuera de las líneas! Está claro que todos queremos hacer lo mejor que podamos en nuestra vida espiritual y personal. Sí, nos esforzamos por obedecer la Palabra de Dios, y desde luego siempre queremos aprender y crecer en Cristo cada día. Pero nunca haremos perfectamente ninguna de esas cosas. Todos cometeremos errores y ocasionalmente tropezaremos en este viaje de la vida. En lugar de acumular presión sobre nosotros mismos para vivir perfectamente, y después sentirnos avergonzados y condenados cuando eso no sucede, seríamos sabios en confiar en que Dios nos ayude a llegar a ser las mejores personas que Él quiere que seamos.

Filipenses 1:6 (NTV) dice lo siguiente:

> Y estoy seguro de que Dios, quien comenzó la buena obra
> en ustedes, la continuará hasta que quede completamente
> terminada el día que Cristo Jesús vuelva.

Me encanta esta promesa de la Palabra de Dios, porque quita toda la presión. Aunque deberíamos intentar hacerlo lo mejor posible en todas las áreas de nuestras vidas, Dios es quien "comenzó la buena obra" en nosotros, y es Él quien "la continuará hasta el día que Cristo Jesús vuelva". Por lo tanto, permítame que le aliente a relajarse. Toda esa presión, todo ese esfuerzo por ser perfecto, todas esas expectativas autoimpuestas: tome un respiro y permita que Dios le ayude.

A continuación tenemos cuatro maneras prácticas en que puede comenzar hoy a hacer eso:

1. Perdónese a usted mismo cuando meta la pata

Cuando enseño la Palabra de Dios, una de las cosas que hago con frecuencia es compartir ilustraciones de mi propia vida. Hablo de todas las veces en que yo he metido la pata y lo que Dios me ha enseñado como resultado de esos errores. Algunas veces, Dave y mis hijos no pueden creer las cosas que realmente digo en público. Hablo sobre la vez en que eché una carrera a un hombre para ocupar la última mesa libre en un restaurante (dándome cuenta después de que él era discapacitado) o la vez en que, hace muchos años, realmente robé en mi lugar de trabajo (años después el Señor me enseñó que hiciera restitución). Estas son tan solo algunas de las historias vergonzosas, pero ciertas, que comparto.

Hago eso porque creo que es importante entender que *todos* nosotros en alguna ocasión nos quedaremos cortos de la perfección.

Jesús fue el único que vivió una vida perfecta. Usted cometerá errores, y yo sin duda he cometido mi parte de errores, pero cuando lo hacemos, Dios tiene una manera en que podamos dejar atrás nuestros errores. Podemos pedir a Dios que nos perdone, y también podemos perdonarnos a nosotros mismos. ¡Podemos soltarlo, dejarlo, y que se vaya! Digamos adiós a esas cosas y avancemos rápidamente hacia todos los éxitos que tendremos en el futuro.

El diablo quiere traer condenación a nuestras vidas porque la condenación nos roba el gozo. Dios trae convicción cuando pecamos, pero la convicción es muy diferente a la condenación. La convicción nos muestra nuestras faltas para que podamos arrepentirnos y aprender de nuestros errores. La condenación, sin embargo, solo tiene la intención de producir culpabilidad y vergüenza. Es como una nube oscura que está por encima de su cabeza, haciéndole sentir negativo y horrible consigo mismo.

Romanos 8:1 nos dice:

> Por lo tanto, ya no hay ninguna condenación para los que están unidos a Cristo Jesús.

¿No es maravilloso saber eso? Cuando usted se queda corto en cualquier área de su vida, Dios nunca produce condenación. Usted está en Cristo Jesús, y tiene una posición correcta delante de Dios porque Jesús ya pagó por sus pecados. Dios le ha perdonado, y si quiere vivir amando su vida es importante que reciba su perdón y, al hacerlo, se perdone a usted mismo.

Usted tiene una posición correcta delante de Dios porque Jesús ya pagó por sus pecados.

Tome ahora un momento y piense en cada evento o acción por la que aún se está flagelando. Puede que sea algo de hace mucho tiempo o una cosa nueva, puede que sea algo grande o algo pequeño, y hay una buena posibilidad de que haya cosas grandes y también pequeñas que estén pesando en su corazón. Ahora quiero alentarle a que suelte esas cosas. Pida a Dios que le perdone (si no lo ha hecho ya) y después pídale que le ayude a perdonarse a usted mismo. La vida se vuelve mucho mejor cuando hace eso.

2. Mírese al espejo y diga algo increíblemente bonito sobre usted mismo

Sé que esto puede parecer una tontería, pero es importante si quiere vivir amando su vida. Esta es la razón: *somos* quienes Dios dice que somos, pero *vivimos* según quienes nosotros decimos que somos. Si usted cree y dice que es un fracaso, una decepción o una víctima, comenzará a demostrar precisamente esos rasgos.

Jesús hizo dos preguntas a los discípulos en Mateo 16. Primero les preguntó: "¿Quién dice la gente que soy yo?". Cuando los discípulos hablaron a Jesús de toda la especulación que flotaba por la ciudad en cuanto a quién podría ser Él, Jesús les preguntó: "Y *ustedes,* ¿quién dicen que soy yo?". Puede que recuerde que fue entonces cuando Pedro proclamó: "Tú eres el Cristo, el hijo del Dios viviente" (Mateo 16:16).

Bien, creo que hay una tercera pregunta que Jesús nos está haciendo hoy: *Ahora que saben quién soy yo, ¿quién dicen ustedes que son?*

Esa es una pregunta importante, porque la Biblia nos enseña que nuestra identidad está envuelta en Cristo Jesús. Romanos 8:17 dice que somos coherederos con Cristo,

> Usted está completo, es hermoso, sano y aceptado en Cristo.

y Filipenses 3:9 dice que somos encontrados y conocidos en Él ¡Lo que usted dice de sí mismo importa! Usted está completo, es hermoso, sano y aceptado en Cristo. ¡Me gusta decir que diariamente nos estamos convirtiendo en lo que ya somos en Cristo!

Robert Frost dijo: "En tres palabras puedo resumir todo lo que he aprendido sobre la vida: no se detiene".[10] Y como ejercicio útil, quiero pedirle: en tres o cuatro palabras resuma todo lo que ha aprendido sobre *usted mismo* desde que aceptó a Jesús como su Salvador. Si está atascado, permítame hacerle algunas sugerencias:

- Yo soy amado.
- El pecado está destruido.
- Dios me creó.
- Soy perdonado y redimido.
- Mi vida tiene propósito.
- Soy muy valioso.
- Soy único y atesorado.

Esos son tan solo algunos ejemplos de cosas que puede decir sobre usted mismo cada día, pero no se detenga solo con tres o cuatro palabras; eso solo tiene intención de que comience. Despiértese cada día y diga algo increíblemente bonito sobre usted mismo... no importa cuántas palabras utilice. Este no es un ejercicio inspirador, ni una técnica de autoayuda. Se trata de declarar las cosas que Dios ya ha dicho sobre usted en su Palabra. Cuando comienza a ponerse de acuerdo con Dios acerca de quién es usted y el futuro que Dios tiene para su vida, no hay modo alguno en que no pueda vivir amando su vida. Todo se trata de perspectiva, de modo que acepte una perspectiva piadosa para su vida y nunca la suelte.

Casi puedo garantizar que se sentirá necio cuando por primera vez comience a decir cosas bonitas sobre usted mismo. Incluso puede que tenga la idea errónea de que es equivocado o un poco orgulloso hacerlo, pero no lo es. No está alardeando, simplemente se está recordando a usted mismo quién es en Cristo, reconociendo el hecho de que es usted creación suya y que Él tiene un propósito para usted.

3. Aléjese de personas negativas y cosas negativas

Si se queda sentado al sol todo el día, se quemará. Si está toda la tarde en un ambiente con humo, olerá a humo. Si está de pie delante de un altavoz en un concierto de rock, probablemente dañará sus oídos. No hay manera alguna de evitarlo. Las cosas a las que usted se somete le afectarán de manera radical.

A fin de permitirse un respiro de veras, aléjese de personas o cosas que le produzcan desaliento y amarguen su perspectiva de la vida... porque le *afectarán*. Simplemente hay algunas personas a las que necesitamos amar desde la distancia. Si usted tiene familiares, amigos o compañeros de trabajo cuya negatividad constante le quita el gozo y le roba la paz, probablemente necesite crear cierta distancia. Eso no significa que no los ame, significa que necesita darse a usted mismo un respiro.

Recuerdo un empleo que tenía Dave hace muchos años en el que sus compañeros de trabajo parecían tener mucha negatividad. En el almuerzo, él no quería oír las murmuraciones y las quejas acerca de sus empleos, así que se pasaba el tiempo del almuerzo escuchando enseñanza de la Biblia y música de adoración, o se iba a dar un paseo y orar. Él era amable con sus compañeros durante el día y buscaba maneras de compartir su fe con ellos, pero cuando llegaba el momento de un receso... ¡él necesitaba un receso!

No tenga miedo a permitirse a usted mismo también un receso. Aléjese de influencias dañinas o charla negativa en cada oportunidad que tenga. Eso no es grosero, y sin duda no es santurrón; es simplemente inteligente. Si se distancia de la charla negativa y amarga y se rodea de influencias con base en la Biblia y en la fe, su vida se volverá mucho más positiva.

Puede que piense: *Bueno, Joyce, ¿y si estoy casado con alguien que es muy negativo?* Para ser clara, no estoy sugiriendo que usted se divorcie o deje el matrimonio debido a eso, sino que aún así necesita darse respiros a usted mismo con toda la frecuencia posible.

4. ¡Tome un respiro de veras!

Este capítulo se titula "Permítase un respiro", y una manera importante de hacer eso es darse permiso para *tomar un respiro* de veras.

Todo el mundo se merece un respiro de vez en cuando. No solo lo merecemos... lo necesitamos. *Cuando los niños están en la escuela, hacen recesos en el aprendizaje para poder jugar. Cuando los músicos están tocando, toman respiros para descansar. Los trabajadores tienen un receso para el almuerzo, y con frecuencia toman recesos más pequeños para refrescarse. Cuando los escritores están escribiendo, se toman respiros para obtener ideas nuevas.* Los descansos son cruciales. Son momentos sanos de reposo para cada nivel y aspecto de la vida.

> Todo el mundo se merece un respiro de vez en cuando.

Si esto es cierto, entonces ¿por qué corremos de un compromiso a otro, de una tarea a otra, sin detenernos para disfrutar de un receso? La razón por la cual muchas personas están irritadas con sus vidas es simplemente porque están agotadas; no han recargado sus baterías en días, semanas, meses, o incluso años. Yo debo admitir que no me gusta tener tiempos muertos entre citas y compromisos, de modo que tiendo a programar las cosas demasiado cerca unas de otras, y eso con frecuencia causa presión en mi vida. Estoy intentando aprender a tener breves recesos entre los eventos. (¡Ore por mí!).

Si usted arrancara su vehículo en un caluroso día de verano y lo dejara en marcha continuamente, ¿qué sucedería? Bueno, en primer lugar se quedaría sin gasolina, pero también ocurriría otra cosa: su vehículo se calentaría en exceso. El motor no está creado para estar en marcha constantemente. Se rompería alguna junta y podría destruir su vehículo en el proceso.

Lo mismo sucede en su propia vida. Si nunca se detiene para descansar, se quedará sin gasolina, se calentará en exceso, ¡y romperá alguna junta! Esa no es la vida que Jesús vino para darle. Él vino para darle una vida llena de paz, gozo, contentamiento y descanso. Recuerde que Jesús dice en Juan 10:10 : "Yo he venido para que tengan vida, y la tengan en abundancia". ¡Jesús quiere que usted ame su vida!

No obtendrá ningún crédito extra espiritual delante de Dios por agotarse. Ya sea que esté criando hijos, trabajando en una carrera profesional, estudiando en la escuela o edificando un ministerio, si se está quemando en el proceso, su vida será mucho menos de lo que Dios quiso que fuera.

> No obtendrá ningún crédito extra espiritual delante de Dios por agotarse.

Piense en esto: Dios descansó. Génesis 2:2 dice: "Al llegar el séptimo día, Dios descansó porque había terminado la obra que había emprendido". ¡Qué ejemplo tan asombroso! Dios no necesita descansar, pero lo hizo para darnos un ejemplo de cómo deberíamos vivir. Si Dios descansó...también nosotros deberíamos hacerlo.

Por lo tanto, busque maneras durante el día para darse un respiro a usted mismo. Quizá pueda desenchufar sus aparatos y disfrutar de una taza de café. Tal vez pueda disfrutar de una bonita cena con amigos, o quizá simplemente necesite ajustar su calendario de trabajo para que haya más espacio para el margen. ¡Quizá necesite tomarse un día entero libre! Cualquier cosa que sea, pida a Dios que le ayude a encontrar maneras de relajarse, renovarse y encontrar un descanso gozoso.

Comenzamos este capítulo hablando del pequeño Timmy, y quiero pedirle que piense en él una vez más. Recuerde: él era un perfeccionista, se defraudaba a sí mismo cuando metía la pata, y en general era infeliz debido a toda la presión interior que ponía sobre él mismo. Estoy segura de que si usted conociera al pequeño Timmy en la vida real, querría lo mejor para él. Le recordaría que nadie es perfecto, y le alentaría a relajarse y disfrutar de todas las cosas estupendas que su día escolar tenía para él.

¿Se dará a usted mismo el mismo consejo que le daría a Timmy?

Hoy, cuando cometa un error o sienta la presión de las expectativas, espero que recuerde que una parte importante de vivir amando la vida es aprender a permitirse un respiro a usted mismo. No siempre coloreará de modo perfecto por dentro de las líneas, y puede que ponga demasiado pegamento en la manualidad ocasional, pero está bien. Dios está a su lado, y Él le ayuda a corregir sus errores y disfrutar de cada parte de su día con Él. Por eso la vida es tan estupenda cuando Dios está de su lado: Él comenzó una buena obra en usted y promete llevarla a término.

No olvide...

- En lugar de acumular presión sobre nosotros mismos para vivir perfectamente, y después sentirnos avergonzados y condenados cuando no lo hacemos, seríamos sabios en entregar a Dios nuestros esfuerzos y permitirle que Él haga la obra que nosotros hemos intentado hacer todo el tiempo.

- Cuando pecamos, Dios tiene una manera para que dejemos atrás ese pecado: podemos pedirle a Dios que nos perdone, y también podemos perdonarnos a nosotros mismos.

- Dios le ha perdonado, y si quiere usted vivir amando su vida, es importante que se perdone a usted mismo.

- La Palabra de Dios nos enseña que nuestra identidad debería estar arraigada en Cristo Jesús. ¡Somos nuevas criaturas en Él!

- Aléjese de influencias dañinas o charla negativa en cada oportunidad que tenga.

- Busque maneras durante el día de darse un respiro a usted mismo del ritmo frenético de la vida.

Nada puede detener de lograr su meta al hombre que tiene la actitud mental correcta; nada en la tierra puede ayudar al hombre que tiene la actitud mental equivocada.

atribuido a Thomas Jefferson

CAPÍTULO 8

"Las cosas pequeñas que hacen una gran diferencia"

Si no le gusta algo, cámbielo. Si no puede cambiarlo, cambie su actitud.

Maya Angelou

Una de las cosas más importantes y transformadoras que he aprendido a lo largo de los años al estudiar la Palabra de Dios es la importancia de la actitud. Puede que sea algo pequeño, pero marca una diferencia inmensa en casi todas las áreas de nuestras vidas. Algunas veces, el ajuste de actitud más pequeño puede cambiar un día entero. Nadie puede hacer que tengamos una mala actitud si no queremos, y ninguna circunstancia puede hacer que tengamos una mala actitud si no lo permitimos. Su actitud le pertenece a usted, y es un factor determinante en cuánto será capaz de vivir amando su vida. Una actitud negativa, dudosa y de queja es una manera rápida de perder su amor por la vida. Sin embargo, ¡una actitud positiva, llena de esperanza y optimista puede dar la vuelta a cualquier mal día!

Leí sobre una viuda que tenía dos hijos. Ella dependía de sus hijos para su sostén financiero. Uno de sus hijos estaba en el negocio de los paraguas, de modo que lo primero que la madre hacía cada mañana era mirar fuera para ver si iba a llover. Los días que estaban nubosos y con el cielo cubierto, ella se sentía animada. *Podría llover, ¡y mi hijo podrá vender muchos paraguas!* Pero si brillaba el sol cuando ella miraba por la ventana, al instante se deprimía porque ese día no se vendería ningún paraguas.

El otro hijo de la viuda tenía una profesión muy distinta: vendía ventiladores. Por lo tanto, cada día que parecía que podría llover, ella se sentía muy triste. *Está demasiado nublado; ¡hoy no se venderá ningún ventilador!* Sin embargo, si hacía un día soleado y brillante, ella tenía mucho mejor ánimo porque existía la posibilidad de que el calor del sol convenciera a los clientes para que compraran un ventilador.

Como puede ver, independientemente del tiempo que hiciera, esta mujer siempre tenía algo por lo que preocuparse y estar triste.

Un día, mientras se quejaba a una amiga sobre la meteorología, su amiga hizo la indudable observación: "¡Anímate! No tienes nada por lo que estar triste. Si brilla el sol, la gente comprará ventiladores, y si llueve, en cambio comprará paraguas. Tan solo cambia tu actitud. No puedes perder".[11]

Esta sencilla anécdota me recuerda el modo en que viven muchas personas (y el modo en que yo viví durante muchos años). Es muy fácil ir por la vida viendo lo negativo en cada situación, pero cuando vivimos con esa negatividad, es imposible vivir amando y disfrutando nuestras vidas. Si lo único que vemos son los problemas, las dificultades y los cielos nublados en el mundo que nos rodea, no amaremos nuestra vida porque estaremos enfocados en lo que pensamos que es equivocado, y la negatividad actuará como una esponja gigantesca, que absorbe cualquier gozo y disfrute que pudiéramos haber tenido.

He descubierto que la actitud correcta puede mejorar cualquier situación. En realidad no importa lo que esté sucediendo fuera… lo que importa es lo que esté sucediendo en el interior. Gozo y paz son el resultado de una actitud piadosa y llena de fe. Una buena actitud no es automática en nuestras vidas; ¡debemos escogerla diariamente!

Una buena actitud no es automática en nuestras vidas; ¡debemos escogerla diariamente!

Me encanta estar cerca de personas que tienen una actitud positiva y esperanzada. Su optimismo puede ser contagioso. Me recuerdan que la felicidad no está dictada por nuestras circunstancias, sino que es alimentada por las actitudes de nuestro corazón. Esta es una de las principales razones por las que hace años decidí trabajar con Dios para cambiar mi actitud y perspectiva negativa. No siempre fue fácil, sin duda necesité la ayuda de Dios, pero mientras más estudiaba la Palabra de Dios, más veía que esta actitud positiva es la voluntad de Dios para nuestras vidas.

Filipenses 2:14 dice:

> Háganlo todo sin quejas ni contiendas.

Filipenses 4:8 dice:

> Consideren bien todo lo verdadero, todo lo respetable, todo lo justo, todo lo puro, todo lo amable, todo lo digno de admiración, en fin, todo lo que sea excelente o merezca elogio.

Estos son solamente dos de los incontables versículos sobre la "actitud" en la Biblia. Si los estudiamos y obedecemos, finalmente seremos capaces de derrotar esa negatividad y desaliento que giran alrededor de nosotros. ¡Podremos vivir una vida en Cristo que realmente amemos!

Actitud de obediencia

Cuando hablamos sobre actitud, la mayoría de las personas piensan en disposición: una cara sonriente, una personalidad alegre, o una perspectiva positiva de la vida. Todas esas cosas son síntomas de una buena actitud, pero la actitud va mucho más profundo que eso. Nuestra actitud es, con frecuencia, nuestra decisión sobre cómo vamos a vivir. Por eso creo que una actitud de obediencia a Dios es muy importante si quiere realmente seguir y disfrutar del camino que Dios ha trazado para usted.

Como cristianos, cada uno de nosotros ha sido llamado a ser obediente a Dios en las cosas grandes y las cosas pequeñas, un día sí y otro también. Vivir en obediencia piadosa es un reto algunas veces, pero Dios nos ha empoderado y capacitado para la tarea. Podemos hacer cualquier cosa que tengamos que hacer con su ayuda, y no solo eso, ¡podemos aprender a hacerlo con una sonrisa en nuestro rostro!

Lo que muy pocas personas entienden es que cuando desarrollamos una actitud de obediencia total a Dios, descubrimos su buena y perfecta voluntad. Él nos da instrucciones no para dañarnos o evitar que seamos felices; lo cierto es precisamente lo contrario. Su dirección en nuestras vidas es para nuestro beneficio. Él sabe lo que es mejor para cada uno de nosotros, y nos dirige en esos caminos. Dios nunca intenta arrebatarnos nada, sino que con frecuencia nos dirige a cambiar cosas en nuestras vidas que están

> Cuando desarrollamos una actitud de obediencia total a Dios, descubrimos su buena y perfecta voluntad.

obstaculizando sus bendiciones. Cuando somos impulsados a obedecer, nuestras vidas mejoran cada vez más.

Dios quiere darle instrucciones acerca de las decisiones más grandes en la vida o de los detalles pequeños día a día. Por ejemplo, quizá está usted comprando y el Espíritu Santo le impulsa a recoger la basura que está en el piso. Usted no fue quien la tiró, pero siente el impulso del Señor para recogerla. O tal vez Dios pone un deseo en su corazón de hacerle un regalo a alguien... ¡y es una persona que a usted no le cae bien! En otras ocasiones, Dios puede que le pida que siga en un empleo o una situación de la que preferiría alejarse, mientras Él termina su obra en usted. Todos estos ejemplos son momentos perfectos para demostrar una actitud de obediencia.

Es necesaria una decisión por su parte de ser obediente a Dios. Cuando Dios no le da lo que usted quiere, es fácil protestar, sentir lástima por usted mismo, o actuar enojado y molesto. Es entonces cuando debe decidir disciplinarse para seguir haciendo lo que Dios ha ordenado, aunque su carne quiera hacer exactamente lo contrario. Puede que haya veces en que quiere ignorar a Dios y hacer lo que usted mismo pretende, pero si entiende realmente que Dios tiene en su corazón el mejor interés para usted y dice: "Señor, sé que me estás guiando hacia lo que es mejor para mi vida, y hoy voy a ser obediente", Él le dará la fuerza y el gozo sobrenaturales para seguir adelante y hacer lo que Él le está guiando a hacer.

¿Es usted consciente de alguna área de desobediencia a Dios en su vida? Si es así, entonces arrepiéntase y tome decisiones en consonancia con la voluntad de Dios. Incluso si el área en la que Dios ha tratado con usted es algo pequeño, haga lo que Él le dice que haga. Recuerde que las pequeñas cosas pueden marcar una gran diferencia en su vida.

Quizá se siente atascado en este momento, como si las cosas no estuvieran avanzando en su vida. Quizá le dijo no a Dios en algún momento de su viaje, y necesita regresar a ese lugar y ser obediente. Por ejemplo, si necesita perdonar a alguien que le ha herido o le ha ofendido, pero no lo ha hecho porque pensó que podía seguir adelante con el plan de Dios, puedo decirle por experiencia personal que eso no funcionará.

Cuando hacemos las cosas correctas y somos rápidos para obedecer a Dios hasta lo mejor de nuestra capacidad, puede que no veamos enseguida los beneficios, pero los veremos a su debido tiempo. Si hacemos la parte que Dios nos pide que hagamos, ¡Él nunca fallará en hacer su parte! Desarrolle una actitud de obediencia, y Él le bendecirá de maneras que ni siquiera puede comenzar a imaginar. Y mientras está esperando, dormirá mejor en la noche porque tendrá la conciencia tranquila.

Actitud de esperanza

Es importante tener esperanza para su futuro. En lugar de esperar que sucedan cosas decepcionantes o negativas, ¡pida a Dios que le ayude a desarrollar una actitud de esperanza!

Yo me crié en un ambiente muy negativo y desesperanzado. Vivía en una atmósfera abusiva con personas negativas, alcoholismo, temor, violencia y enojo. El resultado fue que desarrollé una actitud que decía: *Es mejor no esperar nada bueno que esperar cosas buenas y quedar defraudada cuando no suceden.* ¿Se ha encontrado alguna vez preguntándose qué más podría salir mal? Bueno, esa era mi mentalidad. Yo estaba programada para pensar: *¿Qué cosa mala va a suceder a continuación?* Esta actitud de desesperanza me siguió hasta mi vida como adulta.

Pero, a lo largo de los años, Dios comenzó a hablar a mi corazón sobre esto. Me mostró que Él quería que tuviera esperanza en que iban a suceder cosas buenas, en lugar de suponer siempre lo peor. Jeremías 29:11 nos dice que los pensamientos y planes de Dios para nosotros son "de bienestar y no de calamidad, a fin de darles un futuro y una esperanza".

Dios quería que yo dijera: "¡Va a suceder algo bueno!". Y Él quiere que usted desarrolle esa misma actitud. Dios quiere que

> *Dios quiere que viva una vida llena de esperanza, porque esa es una vida que usted amará.*

viva una vida llena de esperanza, porque esa es una vida que usted amará.

La verdad es que Dios no obra en nosotros por medio de actitudes negativas llenas de autocompasión, pereza, pasividad, o una perspectiva que piensa que todo el mundo nos debe algo. Esas son mentalidades destructivas del enemigo. Nunca saldrá ninguna cosa buena de esas actitudes. ¡Dios obra por medio de la fe! Él quiere que tengamos fe en que sus promesas se van a cumplir en nuestras vidas.

Pero antes de poder tener fe, tenemos que tener esperanza. Por eso es tan importante una actitud de esperanza.

Me encanta enseñar sobre la esperanza, vivir con esperanza, y compartir esperanza con quienes me rodean. La razón es sencilla: la esperanza es un regalo de Dios poderoso y enriquecedor. Si se está preguntando qué es exactamente la esperanza, la respuesta es simple: esperanza es expectativa favorable y confiada; es una actitud expectante de que algo bueno va a suceder y las cosas saldrán bien, sin importar cuál sea la situación que estemos enfrentando.

Uno de mis versículos favoritos de la Biblia es Zacarías 9:12, que dice lo siguiente:

> Vuelvan a su fortaleza, cautivos de la esperanza, pues hoy mismo les hago saber que les devuelve el doble.

Me gusta el término "cautivos de la esperanza". Cuando usted es un cautivo de la esperanza, está tan convencido sobre el poder de la esperanza que no puede hacer ninguna otra cosa sino esperar que las cosas mejoren. Y cuando los tiempos son frustrantes o está tratando con el desengaño, una actitud de esperanza evitará que piense y diga cosas negativas.

La esperanza es una actitud que le inspirará y le capacitará para vivir amando su vida. Y por eso Dios quiere que estemos cautivos de la esperanza. Él quiere que tengamos una actitud que confía en Él a pesar de todo, una actitud que cree que Él puede cambiar lo que necesita ser cambiado y que todas las cosas son posibles para Él. Si nos dedicamos a tener una actitud de esperanza, no hay modo alguno en que podamos perder.

Acepte hoy una nueva actitud

Quiero alentarle a no desperdiciar ni un día más con una actitud de derrota, desaliento y lamento. Pida a Dios que le ayude a ver qué cambios de actitud necesita hacer, y entonces comience el proceso de desarrollar una actitud y perspectiva piadosas para su vida. Todo esto me apasiona, porque a medida que aprendí a cambiar de actitud en obediencia a la Palabra de Dios, mi vida mejoró mucho más. Y sé que también su vida mejorará. Por lo tanto, ¿a qué está esperando? ¡Acepte hoy una nueva actitud!

No olvide...

- Una actitud positiva, llena de esperanza y optimista puede cambiar cualquier día malo.
- Cada uno de nosotros ha sido llamado a ser obediente a Dios en las cosas grandes y las cosas pequeñas, un día sí y otro también.
- La dirección de Dios en nuestras vidas es para nuestro beneficio. Él sabe lo que es mejor para cada uno de nosotros, y nos dirige en ese camino.
- En lugar de esperar que sucedan cosas decepcionantes o negativas, pida a Dios que le ayude a desarrollar una actitud de esperanza.
- Cuando usted es un cautivo de la esperanza, está rodeado por una confiada expectativa de bien.

El reto más difícil es ser usted mismo en un mundo en el que todos los demás intentan hacer que usted sea otra persona.

E. E. Cummings

CAPÍTULO 9

Seamos espontáneos

Preferiría morir en una aventura que vivir quedándome quieto.

V. E. Schwab

Las multitudes eran especialmente grandes aquel día. No se informó del conteo exacto, solo se dijo una multitud muy grande. Imaginemos el enorme grupo de personas en una feria estatal o una convocatoria masiva, con cifras incalculables. Debió haber sido algo parecido a eso, porque el tamaño de la multitud causó que Jesús hiciera algo diferente aquel día; fue un movimiento que nadie vio venir.

A medida que la creciente masa de personas, desesperadas por oír su enseñanza, se acercaba cada vez más a Jesús hasta llevarlo a la orilla del mar, los discípulos debieron haberse preguntado: *¿Qué vamos a hacer? ¡Ya no hay espacio!* Pedro puede que le dijera a Andrés, o Santiago podría haber susurrado a Juan: "Va a tener que enviarlos a todos a sus casas. Esta multitud le está empujando hasta el mar".

El problema era evidente para todos. La creciente masa de personas reunida cerca del mar de Galilea para escuchar a ese nuevo rabino se estaba quedando sin espacio. Jesús atraía a muchísimas personas, y la multitud era demasiado grande ese día. Jesús se había quedado sin terreno. Estaba siendo empujado hacia el mar.

Ese era un problema que nadie había anticipado (excepto Jesús) y que rápidamente se estaba convirtiendo en una causa de preocupación. Fue entonces cuando Jesús hizo algo…inusual. Lucas 5:1-3 dibuja la imagen:

> Un día estaba Jesús a orillas del lago de Genesaret [mar de Galilea], y la gente lo apretujaba para escuchar el mensaje de Dios. Entonces vio dos barcas que los pescadores habían dejado en la playa mientras lavaban las redes. Subió a una de las barcas, que pertenecía a Simón, y le pidió que la alejara un poco de la orilla. Luego se sentó, y enseñaba a la gente desde la barca.

En lugar de seguir la ruta obvia y conformarse con una solución que todos veían venir, como construir un escenario, establecer un perímetro de seguridad, o enviar a sus casas a la multitud, Jesús hizo algo diferente: predicó desde una barca.

La gente necesitaba oír la Palabra, y su método usual de predicación simplemente no iba a funcionar aquel día, así que en lugar de tirar la toalla, Jesús hizo algo que normalmente no hacía. Yo recuerdo hacer también algo inusual a fin de llevar la Palabra a la gente que esperaba escucharla.

Estaba en Camboya y la multitud se había reunido dentro del estadio. Justo cuando estaba lista para cruzar la calle desde mi hotel hasta el lugar de reunión, recibí una llamada telefónica diciendo que un oficial del gobierno que estaba en contra del cristianismo se las había arreglado para usar sus contactos con el personal de las instalaciones y apagar la electricidad. No tendríamos sonido, pero aún peor, una puerta eléctrica había sido cerrada, ¡dejando a la gente dentro y a mí fuera!

Pasó algún tiempo, y quedó claro que yo no iba a poder entrar allí de la manera usual. ¿Debía tirar la toalla, o hacer algo espontáneo que nunca antes había hecho? Pregunté si había algún modo en que pudiera entrar, y mi hijo me dijo que había una valla alta en la parte trasera, y si era lo bastante valiente para subir apoyándome en los contenedores de basura, podrían elevarme por encima de la valla. Yo ni siquiera lo dudé; fuimos adelante, y aunque tuve que predicar aquella noche con un megáfono en la mano en lugar de un micrófono, lo hice. El grupo de alabanza cantó, y yo prediqué un mensaje sobre la determinación y de no abandonar nunca. La multitud quedó muy conmovida por el ejemplo que yo había establecido. Realmente, la ciudad entera terminó hablando de ello, y creo que el resultado fue mejor que si hubiéramos hecho las cosas de la manera normal. A propósito, ¡yo tenía como sesenta años de edad cuando lo hice!

Recientemente, una mujer llamada Louise, que tenía 102 años, asistió a una de mis conferencias. Había asistido a la primera cuando tenía 100 años, y le gustó tanto que quiso regresar. Se sentaba en cada sesión y tomaba notas. Le dijo a nuestro equipo que veía mi programa de televisión cada día. Ellos la entrevistaron y le preguntaron por qué le gustaba tanto el ministerio, y ella respondió: "Bueno, ¡Joyce tiene un inmenso sentido de la aventura!". Creo que lo que ella decía en realidad era que ver el programa le estaba ayudando a mantenerse joven, alerta y activa. Quería mantener su sentido de la aventura, y obviamente no tenía una actitud de que era demasiado ya vieja para poder hacer algo. A mí me pareció que era más entusiasta acerca de la vida que muchas personas de treinta años de edad que conozco, y creo firmemente que fue el resultado de su actitud. Yo fui personalmente muy bendecida y alentada por ella. Espero que todos tengamos ese mismo tipo de actitud a pesar de nuestra edad.

Esta breve historia sobre Jesús predicando desde una barca está formada por tres versículos en el Evangelio de Lucas y solamente un versículo en el relato de Marcos (4:1), pero me encanta esta decisión de Jesús porque creo que nos muestra muchas cosas. Nos da tres cosas importantes a considerar acerca de su naturaleza:

- ¡Jesús se negó a abandonar!
- Jesús utilizó lo que tenía (una barca) en lugar de ser derrotado por lo que no tenía.
- Cada día con Jesús era una aventura.

Seguir el ejemplo de Jesús se trata de seguir el patrón y las acciones de su vida. Deberíamos seguir su modelo de oración, deberíamos prestar atención a su ejemplo de servicio, deberíamos aprender de su demostración de bondad...pero eso no es todo. También podemos seguir otras conductas que Él demostró: risa, imprevisibilidad, disfrute de la vida...y espontaneidad. No esté tan ocupado ganándose la vida que se olvide de vivir una vida que esté llena de recuerdos.

> *No esté tan ocupado ganándose la vida que se olvide de vivir una vida que esté llena de recuerdos.*

Sorprenda a algunas personas...incluido usted mismo

Una de las razones más importantes por las que las personas dejan de vivir amando sus vidas es porque la vida se vuelve estancada, predecible y aburrida. Cada día es igual: levantarse, llevar los niños a la escuela, hacer los mismos recados que la semana anterior, ir al mismo supermercado y comprar alimentos para preparar las mismas comidas, ver los mismos programas de televisión...me aburro tan solo de pensarlo. Es como la vieja serie de dibujos animados *Pinky and the Brain*, en la que Pinky preguntaba a Brain: "¿Qué vamos a hacer esta noche, Brain?". Entonces Brain respondía predeciblemente: "Lo mismo que hacemos cada noche, Pinky...intentar apoderarnos del mundo". Incluso algo tan ambicioso como el dominio del mundo puede convertirse en rutina si es lo mismo que hacemos *cada* noche.

Jesús era cualquier otra cosa menos predecible: detuvo procesiones funerarias, apareció en una boda y convirtió agua en vino. Hablaba con los marginados, cenaba con pecadores... y predicó desde una barca. Simple y sencillo: Jesús era espontáneo.

Si quiere encontrar una manera divertida de vivir amando su vida, este es un ejemplo maravilloso a seguir. Dios no le creó para vivir una vida apartada, aburrida, rutinaria y predecible. Él le creó para vivir la vida al máximo. Quiere que aproveche al máximo cada día.

¿Cuáles son algunas cosas que podría hacer hoy para romper la monotonía de la rutina? ¿Qué acciones podrían sacudirle y sacarle del cepo del aburrimiento? No tiene que ser un acontecimiento grande y grandioso... el gozo puede encontrarse también en las cosas pequeñas. Y si decidiera:

- Ir al trabajo por una ruta diferente.
- Comer algo que nunca antes haya comido.
- Disfrutar del almuerzo en el trabajo con alguien con quien nunca haya pasado tiempo.
- Probar un peinado diferente (aunque sea durante un día o dos).
- Vestir de un color que no sea conservador (si normalmente usted juega a lo seguro).
- Dejar de tener miedo a lo que la gente pensará y seguir lo que le indica su corazón.

Si hace alguna de esas cosas (u otras que se le ocurran), apuesto a que las personas que están en su vida se sorprenderán, ¡y también usted mismo! ¡La espontaneidad es una manera divertida de aprovechar al máximo la vida que Dios le ha dado!

> ¡La espontaneidad es una manera divertida de aprovechar al máximo la vida que Dios le ha dado!

Permítame ser clara: ser espontáneo no significa ser irresponsable. Todos tenemos obligaciones y responsabilidades diarias que no siempre son muy emocionantes. Sin embargo, tan solo porque tengamos que cumplir expectativas en el trabajo o en el hogar que no siempre son emocionantes, no significa que tengamos que vivir vidas aburridas. Aún hay mucho margen en nuestros días para hacer algo divertido y sorprendente. Establezca la meta de hacer algo fuera de lo ordinario al menos una vez al mes, y creo que se divertirá planeándolo.

No se conforme con lo seguro, lo rutinario y aburrido. Busque hoy maneras de sorprenderse a usted mismo y a otros.

Use lo que tiene de maneras nuevas e inesperadas

Cuando hablo de cosas como "vivir una vida de aventura" o "encontrar el gozo en ser espontáneo", hay personas que dicen algunas veces: "Bueno, yo no puedo hacer eso porque no tengo recursos suficientes o tiempo suficiente". Pero creo que es interesante que Jesús utilizara lo que tenía a mano (una barca) para hacer algo diferente. Yo utilicé lo que tenía cuando no podía predicar de la manera normal: un contenedor de basura, algunos hombres fuertes para que me elevaran por encima de una valla, ¡y un megáfono!

Jesús sin duda podría haber caminado sobre el agua (Él demostró esa maravilla sobrenatural en Mateo 14), pero en cambio nos mostró el principio de utilizar lo que tenemos.

Esta no es la única ocasión en los Evangelios en que Jesús demuestra esta verdad. En Marcos 6, una multitud de cinco mil hombres (además de mujeres y niños) se había reunido para escuchar enseñar a Jesús. A medida que avanzaba el día, la multitud tuvo hambre. Una vez más, los discípulos se vieron ante un dilema. *¡Nadie quiere tener que tratar con una multitud hambrienta!* Cuando los discípulos acudieron a Jesús con este problema, supusieron que Jesús enviaría a sus casas a la multitud, pero Él tenía una idea distinta. Preguntó:

"¿Qué tienen ustedes?".

La respuesta no fue muy impresionante a primera vista: lo único que tenían era la merienda de un muchacho formada por cinco panes y dos peces. ¡Pero eso era más que suficiente en las manos de Dios! Jesús dio gracias, partió el pan, y la multitud fue alimentada. Jesús tomó lo que ellos tenían y lo utilizó para hacer algo increíble.

¿Puede imaginar la conversación aquella noche en torno a la fogata entre los discípulos? *No puedo creer lo que Dios hizo hoy. Yo no creía que lo que teníamos fuera suficiente. ¡Es asombroso ver lo que Jesús puede hacer con lo poco que tenemos!* ¡Lo que tenemos siempre será suficiente con Dios de nuestro lado!

> *¡Es asombroso ver lo que Jesús puede hacer con lo poco que tenemos!*

Cuando Dios llamó a Moisés a sacar de Egipto a los israelitas para llevarlos a la Tierra Prometida, Moisés no paraba de hablar sobre lo que no tenía y no podía hacer, pero Dios le preguntó: "¿Qué tienes en tu mano?". Moisés tenía una vara, un palo de pastor común y corriente, pero Dios lo utilizó para hacer grandes milagros, como dividir el mar Rojo y sacar agua de una roca.

Amar su vida espontáneamente no es tener más, sino ser creativo sobre utilizar lo que sí tiene. Lo que usted tiene es más que suficiente. ¡Dios ya ha provisto lo que usted necesita para vivir una vida refrescante y que sacuda la rutina!

- Use su talento de una manera nueva.
- Sea creativo en su presupuesto para así poder tener una nueva aventura emocionante (no tiene que ser cara).
- Comience a hacer algunas de las cosas que ve hacer a otras personas y que siempre ha querido hacer, pero que no ha hecho porque no era parte de su rutina normal.

Dios ya le ha dado mucho. Sencillamente pídale hoy que le muestre cómo maximizar lo que ya tiene. Sus recursos, el tiempo en su calendario, sus dones y talentos; Dios puede hacer algo increíble con todo eso.

Apunte a algo nuevo

¿Cuándo fue la última vez que hizo algo por primera vez? En otras palabras, ¿ha estado atrapado en lo mismo por tanto tiempo que la vida se ha vuelto aburrida? No fue usted creado para vivir una vida pasiva que nunca apunta a nuevos retos, nuevas oportunidades y nuevas aventuras con Dios. Es muy fácil seguir haciendo las mismas cosas familiares, pero no presentan ningún reto y no demandan que utilicemos nuestras habilidades creativas. Hacer algo nuevo requiere que estiremos nuestra fe y a nosotros mismos en áreas que al principio pueden ser incómodas, pero que finalmente nos proporcionan una historia estupenda que contar. Mi historia sobre subir por la valla es una gran historia, pero tuve que hacerlo antes de poder contar la historia.

Decida divertirse un poco

Como cristianos, pasamos mucho tiempo hablando sobre los asuntos profundos y espirituales de la vida, y eso es bueno porque esas cosas son importantes, pero no es bueno si es lo único de lo que siempre hablamos. Un buen amigo mío dijo que se volvió tan serio con respecto a todo en la vida después de convertirse en cristiano, que su esposa le despertó una noche y dijo: "¿Alguna vez vas a volver a hacerme reír?". Por fortuna, fue una llamada de atención para él, e hizo un cambio.

Espero que se lleve lo siguiente de este capítulo: a veces, lo más espiritual que puede usted hacer es buscar maneras de reír y hacer algo nuevo. Dios no es aburrido y no quiere que tampoco nosotros seamos aburridos. No se quede tan enredado en los asuntos serios de la vida que se olvide de detenerse

> *A veces, lo más espiritual que puede usted hacer es buscar maneras de reír y hacer algo nuevo.*

y disfrutar realmente de su vida. Sea espontáneo hoy; confíe en mí, ¡le encantará!

No olvide...

- Jesús demostró una vida de risas, imprevisibilidad, gozo... y espontaneidad.
- Ser espontáneo no significa ser irresponsable.
- No se conforme con lo seguro, lo rutinario y aburrido. Busque hoy maneras de sorprenderse a usted mismo y a otros.
- No necesita algo más para comenzar a ser espontáneo; tan solo necesita comenzar a usar lo que ya tiene.

Tú nos has creado para ti, oh
Señor, y nuestro corazón no
reposa hasta que encuentra
su descanso en ti.

Agustín de Hipona

CAPÍTULO 10

Disfrute el periodo en el que está

Creo que Dios nos pone en este alegre mundo para ser felices.
Robert Baden-Powell

Pregunte a cualquier grupo de personas cuál es su estación favorita, y obtendrá diversas respuestas diferentes con atractivas razones.

A algunas personas les encanta el calor del verano. No pueden esperar a que brille el sol para así poder salir al exterior y disfrutar de la piscina o de la playa, o simplemente beberse una limonada en un día caluroso de verano. Otros aborrecen totalmente el verano. Prefieren el frío del invierno. Para esas personas, un día de frío invernal es el cielo. No pueden esperar a ver caer la nieve, escuchan música de Navidad durante todo el año, y se embelesan totalmente al pensar en el fuego de una chimenea una noche fría de invierno.

Sin duda, hay muchas personas que están convencidas de que el otoño es la estación más estupenda. Las hojas cambian de color y la temperatura es perfecta la mayoría de días. Para ellos, otoño significa que regresa el fútbol y continúa la escuela. *¿Qué podría ser mejor que eso?* Por último, están quienes viven para la primavera. Les encanta el hecho de que florezcan las flores y haya terminado la dureza del invierno. Primavera significa Semana Santa, nuevos comienzos, y colores pastel. Para los amantes de la primavera, es todo lo bueno que puede ser, ¡y no permitirán que usted les convenza de lo contrario!

(Mi estación favorita es el otoño. ¿Cuál es la suya?).

Aunque mi favorita es el otoño, puedo estar feliz y encontrar cosas que disfrutar en cada periodo y estación, y espero que también usted pueda hacerlo. Sería una lástima disfrutar solamente de una parte de cada año y sentirse desgraciado durante el resto.

Lo menciono porque, al igual que el calendario está formado por estaciones, nuestras vidas también están formadas por periodos o estaciones. Estoy hablando de las fases o divisiones generales de nuestras vidas. Estos periodos son distintos para cada uno de nosotros, pero a veces se parecen a lo siguiente:

- Una estación de estudio, donde lo académico es el enfoque.
- Una estación de criar a los hijos. Pañales, dentición, noches sin dormir, y muchos llantos.
- Una estación de espera, un tiempo en que está esperando a que Dios responda una oración con respecto a salud, carrera profesional, relaciones, y otras cosas. O un tiempo en que ha terminado una estación y está esperando a que Dios le lleve a la siguiente.
- Una estación de mayor trabajo mientras comienza un negocio o un ministerio, o simplemente emprende una nueva carrera profesional.
- Una estación de aprendizaje espiritual. Un tiempo de estudio intenso de la Palabra, recibiendo nueva enseñanza o corrección de Dios, profundizando en su fe.
- Tenemos periodos de siembra y periodos de cosecha. Sembrar significa por lo general que sacrificamos algo con la esperanza de una recompensa futura, y la cosecha es cuando finalmente llega la recompensa.

Estos son solo algunos ejemplos; sin duda, hay muchos más. Y parecido a lo que hacemos con el calendario, con frecuencia decidimos qué periodos nos gustan más...y qué periodos nos disgustan intensamente. No puedo decir cuántas veces alguien me ha dicho: "No sabe las ganas que tengo de que pase este periodo". Esa afirmación es una señal reveladora de que esa persona *no* está disfrutando del periodo en el que está. La buena notica es que incluso si no disfruta del periodo en particular en el que está, puede tomar la decisión de seguir disfrutando de su vida en medio de ese periodo.

Entiendo que algunos periodos pueden ser difíciles, pero si encontramos gozo solo en ciertos periodos, nos estamos perdiendo lo mejor de Dios durante todos los demás periodos. Dios no quiere que viva amando su vida solo *parte* del tiempo, durante periodos o situaciones *particulares*. Dios quiere que tenga gozo en

> Dios quiere que tenga gozo en cada periodo de su vida.

cada periodo de su vida. A pesar de cuán difícil pueda parecer ese periodo en el momento, Dios tiene algo bueno para usted en ello, y le aliento a buscarlo. Una cosa buena que he aprendido sobre cada periodo es que Dios lo utiliza para prepararme para el siguiente.

Cuando mi ministerio era muy pequeño y siguió siendo así durante varios años, pensé que ese periodo no terminaría nunca. Fue un tiempo difícil para mí porque yo tenía grandes sueños, no pequeños. Finalmente, el ministerio creció y se convirtió en un ministerio internacional, y ahora entiendo que la mayor parte de la preparación que yo necesitaba para estar donde estoy ahora tuvo lugar en aquellos primeros años cuando todo era pequeño. El ministerio no crecía, pero yo crecí espiritualmente, y Dios hizo muchos cambios buenos en mi carácter que necesitaba para poder estar donde estoy ahora.

El apóstol Pablo dijo en Filipenses 4:11:

> He aprendido a estar satisfecho en cualquier situación en que me encuentre.

En este versículo de la Escritura, Pablo está describiendo una vida asombrosa. Él había aprendido a vivir amando su vida a pesar de cuál fuera la estación. Pablo dijo que estaba satisfecho ya estuviera en un periodo de aprendizaje, un periodo de prueba, un periodo de abundancia o uno de carencia, un periodo de viajes, un periodo de espera, o un periodo de éxito en el ministerio.

Dios quiere lo mismo para usted hoy. En cualquier periodo en que esté, Dios quiere que sepa que puede encontrar paz y contentamiento. No desperdicie sus días pensando: *Seré feliz* cuando... Cuando *esto haya terminado*... Cuando *llegue al siguiente nivel en mi carrera*... Cuando *los niños crezcan*... Cuando *mi cónyuge comience a apreciarme*...

Aunque puede que no siempre sea fácil, puede disfrutar de su vida *ahora*. ¡Está a distancia de una sola decisión! Porque la mayor parte de su capacidad para disfrutar la vida se encuentra en su actitud hacia lo que está sucediendo, en lugar de sus circunstancias. Puede aprender a confiar en Dios y encontrar paz y contentamiento hoy, sin importar en qué periodo esté.

¿Cómo se siente con su trabajo?

Comencemos yendo al núcleo práctico del asunto: su trabajo. Hay una frase atribuida a Confucio que dice: "Escoja un trabajo que ame, y nunca tendrá que trabajar ni un solo día de su vida".[12] Aunque eso suena bien, hay un problema con esa frase: la mayoría de las personas no tienen un empleo que aman. De hecho, en una encuesta Gallop que se hizo hace varios años, el setenta por ciento de quienes respondieron dijeron que aborrecían sus trabajos.[13] Es difícil vivir amando su vida si va cada día a un trabajo que aborrece. Por lo tanto, si en este periodo de su vida está en una difícil situación laboral, permítame hacerle una sugerencia: Trabaje para el Señor... y no solo para su jefe.

Si no le gusta su jefe o su actual empleo, puede ser muy difícil tener la actitud correcta. Lo sé de primera mano, pues he tenido muchos empleos que me sacaban de quicio. Muchos días llegaba a casa y oraba: "Dios, ya no puedo soportarlo más. Estas personas no agradecen el trabajo que estoy haciendo. Sin duda, ¡este empleo no es el correcto para mí!". Si se ha sentido de la misma manera, permítame recordarle lo que dice la Palabra de Dios. Colosenses 3:23 nos da una poderosa enseñanza:

> Hagan lo que hagan, trabajen de buena gana, como para
> el Señor y no como para nadie en este mundo.

Notemos que Pablo no dijo: *Si les gusta su trabajo, hagan su mejor esfuerzo para el Señor*, o *Cuando sea un buen día en la oficina*…o incluso: *Si su jefe es una buena persona*…No, la Palabra de Dios dice muy claramente: "**Hagan lo que hagan**…como para el Señor" (énfasis añadido).

Si vivimos en obediencia a este versículo de la Escritura, puede ser muy liberador. Cuando usted vaya a trabajar cada día, planeando tener la mejor actitud y ética de trabajo que pueda porque está trabajando para el Señor, eso cambia toda su perspectiva. Ahora no importa lo que hagan sus compañeros de trabajo o cuán rudo pueda ser el jefe…porque usted no trabaja para ellos. Está haciendo su trabajo de una manera que agrada a Dios.

Si decide tener esa mentalidad, sucede algo verdaderamente increíble. El versículo siguiente (Colosenses 3:24) sigue diciendo:

> Conscientes de que el Señor los recompensará con la
> herencia. Ustedes sirven a Cristo el Señor.

¡Vaya! Su recompensa, su herencia, su alegría por un trabajo bien hecho: todo ello viene de Dios. Él ve su duro trabajo, y conoce las frustraciones que usted siente en ese empleo. Pero si decide trabajar lo mejor que pueda con una actitud piadosa, Él le bendecirá, y puede que le bendiga con un empleo mejor del que jamás usted podría haber imaginado. No creo que Dios se incline a darnos más si ya nos estamos quejando de lo que tenemos. Sea agradecido y esté contento donde está y pida a Dios lo que quiere. Él escucha sus oraciones y le dará el deseo de su corazón si usted sigue deleitándose en Él en sus circunstancias presentes.

El verdadero ascenso viene de Dios. Sus tiempos están en manos de Él (ver Salmos 75:6-7), y puede estar contento mientras espera el cambio.

Entrar en lo desconocido

Aunque no recomiendo hacer cosas necias o adelantarse al tiempo de Dios en su vida, es posible que en algún punto puede que necesite dar un salto de fe si alguna vez va a llegar donde quiere estar.

Una de las razones por las que las personas aborrecen sus empleos es porque tienen que seguir en ellos para ganar dinero, en lugar de hacerlo porque creen verdaderamente que están cumpliendo su destino. Yo prefiero tener menos dinero y más alegría que más dinero y sentirme desgraciada. ¿Usted no?

No estoy sugiriendo que sea usted irresponsable, pero andar por fe siempre significa que llegará un momento en que necesitará entrar en lo desconocido. Puede que se pregunte qué sucederá si se equivoca, como nos sucede a todos. Pero no debemos tener tanto temor a hacer lo equivocado como para no hacer nada. Un poco de aventura nunca hace daño a nadie, y si usted da un paso y descubre que hizo lo incorrecto, siempre puede regresar y comenzar de nuevo. Yo intenté entrar en la televisión hace varios años antes de que fuera el momento correcto, y fue un fracaso absoluto. Volví a hacer lo que estaba haciendo, y en el momento perfecto Dios abrió la puerta correcta para que yo estuviera otra vez en televisión, ¡y funcionó!

> *No debemos tener tanto temor a hacer lo equivocado como para no hacer nada.*

Hay muy pocos errores que no puedan corregirse, a excepción de no estar nunca dispuestos a cometer uno. Ese es el mayor error que podemos cometer y uno que puede costarnos el mejor futuro que podríamos haber tenido. Cuando Dios llamó a Josué para que condujera a los israelitas a cruzar el Jordán hasta la Tierra Prometida, le dijo que deberían seguir el arca que representaba la presencia de Dios para ellos, porque no habían pasado de ese modo antes (ver Josué 3:3-4). Justamente tal como ellos lo hicieron, cuando entramos en lo desconocido, necesitamos seguir a Dios hasta lo mejor de nuestra capacidad y confiar en que Él nos guiará. Creo que incluso si nos situamos en un camino equivocado, Dios nos guiará de regreso al correcto si nuestra confianza está en Él.

Para resumirlo, voy a decir lo siguiente: si usted aborrece su empleo, puede hacer una de dos cosas. Puede tener una nueva actitud y quedarse donde está, o puede hacer un cambio si siente que Dios le está dirigiendo a hacer eso. ¡Pero meramente mantener un empleo y aborrecerlo no es una opción viable!

Aprender a estar contentos

Aprender a estar contento es realmente una clave esencial para aprender a vivir amando su vida. Esto es cierto en su trabajo... pero también es cierto en *todo* lo demás. La medallista de oro olímpica Kristin Armstrong, dijo: "Nadie puede robar el contentamiento, el gozo, la gratitud o la paz; tenemos que entregarlo"[14]. Ella tiene razón en eso, pero lo triste es que entregamos esas cosas todo el tiempo. En el momento en que algo va mal o se presenta un reto, puede que nos desalentemos y nos desanimemos, entregando nuestra paz y contentamiento. Estar contento no significa que no deseamos cambiar, pero sí significa que podemos disfrutar donde estamos de camino hacia donde nos dirigimos. Tener fe y esperanza en Jesús nos ayuda a creer que incluso si el presente es difícil, el mañana será mejor.

Decidir estar contento es algo que aprendemos. Yo desperdicié muchos años estando descontenta y molesta. Afortunadamente, al final entendí que no estaba mejorando nada, sino que yo misma estaba siendo desgraciada. Incluso Pablo dijo en Filipenses 4:11 que él había "aprendido" a contentarse.

Yo quería aprender a amar y disfrutar la vida que Jesús vino para darme, y llegué hasta el punto de quererlo con tanta fuerza que estaba dispuesta a hacer lo que fuera necesario. Quería estar en paz a pesar de lo que sucediera a mi alrededor. ¿Quiere usted lo mismo? Si es así, comience diciendo:

> Dios, deseo tanto tu contentamiento y tu gozo, que estoy dispuesto a soltar mis viejas actitudes y mentalidades. Quiero vivir amando mi vida contigo a pesar de en qué periodo esté. Confío en que tú me estás enseñando y desarrollando mi carácter en este periodo.

La *Amplified Bible* (Edición clásica) en inglés define la palabra "contentamiento" como "satisfecho hasta el punto en que no soy molestado ni inquietado en cualquier estado en que esté". Es una definición estupenda, porque no dice que debo estar satisfecho hasta el punto de no querer cambiar nunca, sino que puedo estar satisfecho hasta el punto de no estar ansioso o molesto.

Una de las principales maneras de encontrar contentamiento en medio de algo que no nos gusta particularmente es dejar de enfocarnos continuamente en lo que no nos gusta. Mientras más pensamos en lo mucho que nos disgusta nuestro empleo, o las personas con quienes trabajamos, o cualquier otra cosa, más descontentos estaremos. Si tengo un dolor en cualquier lugar en mi cuerpo, toda mi atención tiende a dirigirse hacia ello, pero si lo aparto de mi mente, parece menos intenso. Ayer me dolía la espalda, pero me fui de compras con mi hija y encontré dos blusas que me gustaban *mucho*, y más adelante me di cuenta de que mientras estaba emocionada por las blusas, no parecía notar el dolor. Aunque no puedo pasar todo mi tiempo de compras para desviar la atención del dolor, puedo seguir adelante y vivir mi vida y disfrutarla mientras Dios se está ocupando de mi problema.

Podemos decidir lo que queremos pensar, y los pensamientos que decidimos afectan a cada área de nuestra vida, especialmente a nuestras emociones. Una vida feliz requiere pensamientos felices y llenos de esperanza. La Palabra de Dios nos enseña que un corazón contento nos hace bien como una medicina (ver Proverbios 17:22).

> Una vida feliz requiere pensamientos felices y llenos de esperanza.

He llegado a creer que estar contento es una de las mejores maneras en que podemos glorificar a Dios. Por lo tanto, tome hoy la decisión de estar contento en el periodo en que éste mientras espera el siguiente periodo que Dios tenga para usted. Confíe en Dios: no espere hasta que todo sea perfecto antes de decidir disfrutar de su vida.

No olvide...

- Igual que el calendario se compone de estaciones, nuestras vidas también se componen de estaciones.
- Dios no quiere que usted viva amando su vida aparte del tiempo, durante periodos o situaciones *particulares*. Él quiere que esté contento en cada periodo de la vida.
- No importa lo que hagan sus compañeros de trabajo o cuán rudo pueda ser el jefe... porque usted no trabaja para ellos. Está haciendo su trabajo para Dios, de una manera agradable a Él.
- No espere hasta que todo sea perfecto antes de decidir disfrutar de su vida. Recuerde que Dios tiene en su corazón el mejor interés para usted, y esté contento a pesar de sus circunstancias.

Las personas llegan a unirse a sus cargas a veces más de lo que las cargas están unidas a ellos.

George Bernard Shaw

CAPÍTULO 11

Redescubra su vida

La vida es diez por ciento de lo que nos sucede, y noventa por ciento de cómo respondemos a ello.

Charles R. Swindoll

Una vez leí que el gran actor estadounidense Marlon Brando tenía un sentido de orientación muy malo. Se remontaba a su niñez. Se cuenta la historia de que él vagaba tanto de camino a la clase de kínder que su hermana finalmente tuvo que llevarle a la clase atado con una correa.

Es una imagen bastante divertida cuando se trata del kínder, pero no es tan divertida cuando se trata de la vida. Desgraciadamente, muchos de nosotros, igual que Marlon Brando, vamos vagando sin dirección. Nos sentimos perdidos: perdidos en nuestras relaciones, perdidos en nuestra fe, y generalmente perdidos en la vida. Podemos dejar que nuestras circunstancias se conviertan en una correa que determine y controle la dirección que seguimos. En cierto momento teníamos un plan y sabíamos hacia dónde íbamos, pero parece que en algún momento en el tiempo, nos perdimos.

La buena noticia es que si es usted cristiano, se le ha dado el Espíritu Santo. El Espíritu Santo es muchas cosas para nosotros (es un Consolador, Consejero y Amigo), pero una de las cosas más importantes que Él es para nosotros es un Guía.

Juan 16:13 nos dice: "Pero, cuando venga el espíritu de la verdad, él los guiará a toda la verdad". Y Romanos 8:14 dice: "Porque todos los que son guiados por el Espíritu de Dios son hijos de Dios".

Estos versículos nos recuerdan que el Espíritu Santo está siempre dispuesto a dirigirnos por la vida. Nunca tenemos que volver a sentirnos perdidos. El Espíritu Santo nos guía para que podamos descubrir, y si es necesario redescubrir, el plan y los propósitos de

> El Espíritu Santo está siempre dispuesto a dirigirnos por la vida.

Dios para nuestras vidas. Creo que la mejor manera de vivir amando su vida es dejar que el Espíritu Santo sea su guía cada día. ¡Puede seguir la aventura de una vida vivida con Dios y para Dios!

Si se siente perdido o confuso, si parece que la vida se le escapa un poco, si casi no le queda nada del gozo que solía tener, quiero alentarle en este momento: ¡puede redescubrir su vida! Puede regresar al lugar donde se perdió y avanzar desde ahí. No se conforme meramente con existir. Siga la meta de experimentar la vida que Jesús quiere verdaderamente que usted tenga.

Rechace el estrés y redescubra el gozo de la paz

El estrés es uno de los principales culpables que nos roba el gozo y hace descarrilar nuestras vidas del camino que Dios tiene para nosotros. Yo sé por experiencia propia lo que es vivir bajo la presión del estrés, y sé lo que es tener la paz de Dios. He llegado a un punto en mi vida donde puedo decir sinceramente que haré todo lo que tenga que hacer para tener la paz de Dios en mi vida. Y la razón es sencilla: no es la voluntad de Dios para nosotros que vivamos con estrés todo el tiempo. Quizá en algún lugar del camino perdió usted su paz debido a una tragedia o prueba en su vida, y necesita redescubrir lo que es estar en paz.

Es fácil para nosotros sentir que no podemos evitar estar estresados porque así es el mundo en la actualidad. Hay una epidemia de estrés en nuestra cultura: dondequiera que vayamos parece haber algo por lo cual preocuparnos o estar ansiosos. Horarios frenéticos, catástrofes en las noticias, reveses económicos: todo es muy estresante. Pero simplemente porque el estrés sea la nueva normalidad en nuestro mundo, eso no significa que tengamos que adoptar los caminos de nuestra cultura y vivir del mismo modo. Tenemos dos opciones: podemos seguir estando estresados, ansiosos, preocupados y sintiéndonos desgraciados, o podemos aprender a redescubrir y recuperar nuestra paz.

Jesús dijo en Juan 14:27:

> La paz que les dejo; mi padre les doy. Yo no se la doy a ustedes como la da el mundo. No se angustien ni se acobarden.

Recientemente atravesé varias semanas de conmoción que implicaron varias cosas diferentes. Cirugía, presión con respecto a una decisión importante que tenía que tomarse, un calendario de trabajo cargado, una inundación en nuestra zona, y daños en el tejado debido a las tormentas, y la lista podría continuar. Recuerdo decirle a Dios: "Siento que me he desviado del camino y he perdido de vista lo más importante en mi vida, ¡y eso eres tú!".

Parecía como si estuviera perdida en un laberinto intentando encontrar el camino de regreso a casa. ¿Se ha sentido alguna vez de ese modo? ¿Quizá se siente así en este momento? Dios me mostró que necesitaba calmar mi alma, y le pedí que me guiara otra vez hasta donde necesitaba estar. Mi alma estaba llena de frustración y agitación, y Él me guió de nuevo hacia la paz. Él quiere hacer lo mismo por usted siempre que lo necesite, pero eso implicará ser obediente para hacer los cambios que Él le dirija a hacer.

Ser libre de la presión del estrés comienza con entender Juan 14:27, y vivir en obediencia a ello. Es importante que entendamos que si queremos descubrir o redescubrir cómo vivir amando nuestras vidas, tendremos que *dejar que Dios* cambie las cosas que nosotros no podemos cambiar y haga las cosas que nosotros no podemos hacer. No podemos seguir permitiéndonos estar molestos y turbados y tener paz al mismo tiempo. Podemos tener una cosa o la otra, pero no podemos tener ambas simultáneamente.

Lo primero que podemos hacer es orar y estar dispuestos a escuchar lo que Dios tiene que decir sobre la raíz verdadera de nuestro problema de estrés. Si usted ya está haciendo su parte (evaluando su horario, soltando la negatividad y negándose a preocuparse), entonces simplemente relájese y confíe en que Dios arreglará las cosas. Pero si siente convicción sobre algún área en su vida que necesita cambiar, pida a Dios que le ayude a hacer el cambio y esté dispuesto a hacer lo que sea necesario hacer a fin de tener paz. Recuerde: Jesús nos da *su* paz, no como el mundo la da, sino su propia paz especial. Su paz funciona *en* las tormentas de la vida en lugar de esperar hasta que hayan terminado y la vida sea brillante y soleada una vez más.

¡Ore y obedezca! Orar y obedecer significa que hacemos un compromiso a no vivir basándonos en la cultura que nos rodea sino según la dirección del Espíritu Santo, quien vive en nosotros como creyentes nacidos de nuevo en Cristo. Nuestra mentalidad debería ser: *Con la ayuda de Dios, estoy listo para hacer un cambio.* Entonces, cuando hagamos lo que Dios nos muestre que hagamos (o lo que Él nos muestre que no hagamos), podremos redescubrir el gozo de vivir una vida en una relación con Dios.

Pensar de una manera nueva para vivir de una manera nueva

Cuando tomamos tiempo para renovar nuestra mente con la Palabra de Dios, aprendemos a pensar como Dios piensa, a decir lo que Dios dice, y a actuar como Él quiere que actuemos. ¡Esta es la clave para aprender a vivir amando nuestras vidas! Aunque conozco y he experimentado los beneficios de pensar adecuadamente, eso no significa que siempre lo haga. ¡Algunas veces tengo que redescubrir el poder de pensar correctamente! Entiendo que me he desviado del camino correcto, pero por fortuna, siempre puedo regresar al correcto tomando la decisión de hacerlo.

Puede que se pregunte: *¿Cómo descubro una nueva manera de pensar?*

Hay literalmente miles de pensamientos que pasan por nuestra mente cada día, de modo que ¿cómo controlamos todos ellos? Lo primero que necesitamos creer es que es posible hacerlo con la ayuda de Dios. Recientemente hablé con una mujer que estaba leyendo mi libro *El campo de batalla de la mente*, y me dijo: "Cada vez me resulta más difícil seguir leyéndolo". Yo pregunté si eso significaba que no le estaba gustando, y ella respondió: "Ah, no, me está gustando, pero mientras más leo, más entiendo que necesito cambiar, y más difícil se vuelve seguir pensando del modo en que siempre lo he hecho en el pasado". Ella estaba aprendiendo una nueva manera de pensar y estaba siendo desafiada por el Espíritu Santo a ser obediente para hacerlo.

Por ejemplo, muchas personas creen que es normal preocuparse, y esta mujer se había preocupado mucho en su vida, pero como cristiano, la preocupación no es una manera normal de pensar. Filipenses 4:6 (NTV) dice: "No se preocupen por nada". Desde luego, esto no significa que nunca tendremos que tratar sentimientos de preocupación, sino que cuando lo hagamos, podemos orar y entregarlos a Dios para poder tener su paz mientras pasamos por un momento difícil. Esta es la vida que Dios quiere que usted descubra si nunca lo ha hecho, ¡o que redescubra si la ha perdido!

Primera de Corintios 2:16 dice que "nosotros tenemos la mente de Cristo". Eso significa que a pesar de cuáles puedan ser nuestras circunstancias, podemos tener la sabiduría, el discernimiento y la paz de Dios para guiar nuestras decisiones en medio de ellas. No tengo que decirle que vivimos en una época llena de distracciones mareantes. Es asombroso cuánta información llega hasta nosotros la mayoría del tiempo mediante la tecnología, los medios de comunicación, y el ajetreo del mundo que nos rodea.

Así es el mundo en el presente, pero no tenemos que vivir como el mundo. Podemos aprender a rechazar las frustraciones, distracciones y caos del mundo que nos rodea a fin de tener paz en nuestro interior. Es esta paz la que nos mantendrá enfocados y gozosos a pesar de cuán caóticas puedan parecer las cosas que nos rodean.

Fue toda una revelación para mí cuando entendí que no tenía que pensar en cualquier cosa que llegara a mi mente. Podía escoger mis pensamientos y pensar por mí misma, a propósito. ¡Y usted también puede hacerlo! Hay una manera de descubrir una nueva normalidad, una manera de tener victoria en nuestras circunstancias y no vivir según lo que el mundo considera normal. Y todo ello comienza con la renovación de nuestra mente enfocándonos en las promesas de Dios en lugar de en los problemas del mundo. La decisión es suya.

Por lo tanto, tome la decisión de redescubrir su vida comenzando a pensar de una manera nueva. ¡Pensamientos pacíficos se convierten en una vida pacífica! De modo que comience pasando tiempo cada día leyendo y meditando en la Palabra de Dios. Entonces ore y pida a Dios que le ayude a entender cómo aplicar la sabiduría que descubre a su vida diaria. Cuando usted haga su parte para renovar su mente, Dios hará la de Él. Se sorprenderá por lo mejor que puede llegar a ser su vida cuando tiene la mente de Cristo. No se desaliente cuando descubra que se ha desviado. Créame cuando le digo que eso nos sucede a todos.

Permita que Dios le cambie

Primero tiene que producirse una transformación en nuestros corazones si queremos ver nuestras vidas transformadas en otras que amamos verdaderamente. Ser transformado significa que usted es cambiado totalmente de adentro hacia afuera. Recuerde: cuando nos convertimos en cristianos, nos convertimos en nuevas creaciones: "¡lo viejo ha pasado, ha llegado ya lo nuevo!" (2 Corintios 5:17).

> *Ser transformado significa que usted es cambiado totalmente de adentro hacia afuera.*

Si se lo permitimos, el Espíritu Santo obrará en nosotros, cambiando nuestra mente, voluntad y emociones, de modo que día tras día lleguemos a ser más semejantes a Jesús. A medida que crecemos espiritualmente, la buena obra que se está produciendo en nuestro interior puede verse mediante nuestro modo de vivir, y nos convertimos en testimonios de lo que Dios ha hecho. Ya no tenemos que ir por la vida frustrados o amargados. ¡Hemos descubierto una manera mejor de vivir!

Muchas personas creen que no pueden cambiar o ser cambiadas. Suponen que sus vidas siempre van a ser igual: nunca cambiarán para mejor. Pero lo único que nunca cambia es Dios (ver Hebreos 13:8), y quiere que nos atrevamos a creer que Él "puede hacer muchísimo más que todo lo que podamos imaginarnos o pedir" (Efesios 3:20). Puede que no se dé cuenta, pero realmente está cambiando en este momento mientras lee las palabras escritas en este libro, porque son palabras y principios divinos. Usted está aprendiendo nuevas maneras de pensar, y su mente está siendo renovada. Siga leyendo, y si es necesario, vuelva a leer una y otra vez.

No olvide…

- El Espíritu Santo nos guía para que podamos descubrir el plan y el propósito de Dios con cada nuevo día.
- Tenemos dos opciones: podemos seguir estando estresados hasta desmoronarnos, perdiendo toda nuestra paz y nuestro gozo, o podemos aprender a recibir la paz que Cristo da en toda circunstancia, en lugar de dejar que el estrés nos domine.

- Cuando tomamos tiempo para renovar nuestra mente con la Palabra de Dios, aprendemos a pensar como Dios piensa, a decir lo que Dios dice, y actuar como Él quiere que actuemos. ¡Esta es la clave para aprender a vivir amando nuestra vida!
- Si se lo permitimos, el Espíritu Santo obrará en nosotros, cambiando nuestra mente, voluntad y emociones, de modo que día tras día lleguemos a ser más semejantes a Jesús.

Ningún hombre que esté disfrutando de la vida es un fracaso.

atribuido a William Feather

CAPÍTULO 12

Considere cada día como una oportunidad

Un modo de sacar el máximo a la vida es verla como una aventura.

William Feather

F. W. Woolworth fue un hombre de negocios increíblemente exitoso y fue pionero de la idea de la moderna tienda de cinco y diez (tienda de objetos baratos). Su negocio marcó tendencias y estableció lo que ahora conocemos como el exitoso modelo de la venta minorista a bajos precios. Pero lo que me resulta particularmente interesante es su comienzo en el negocio…

Hace unos años atrás, un enérgico joven comenzó como dependiente en una ferretería. Como muchas ferreterías antiguas, el inventario incluía objetos por valor de miles de dólares que estaban obsoletos o los clientes los pedían en raras ocasiones.

El joven era lo bastante inteligente para saber que ningún negocio próspero podía soportar un inventario así y seguir dando un buen beneficio. Él propuso unas rebajas para librarse de tales objetos. El dueño estaba renuente, pero finalmente estuvo de acuerdo en dejarle que pusiera una mesa en medio de la tienda e intentara vender algunos de los productos más viejos.

Cada producto tenía el precio de diez centavos. La venta fue todo un éxito, y el joven obtuvo permiso para realizar una segunda venta. También esa fue tan buena como la primera, y eso le dio una idea al joven dependiente. ¿Por qué no abrir una tienda que vendiera solamente objetos que costaran cinco y diez centavos? Él podía dirigir la tienda y su jefe podía proporcionar el capital.

El jefe del joven no estaba entusiasta al respecto. "El plan nunca funcionará", dijo él, "porque no puedes encontrar suficientes objetos para vender al precio de cinco y diez centavos". El joven quedó decepcionado pero finalmente siguió adelante él solo y ganó una fortuna con la idea. Su nombre era F. W. Woolworth.

Años después, su antiguo jefe se lamentaba: "Por lo que puedo calcular, ¡cada palabra que dije para desanimar a Woolworth me ha costado un millón de dólares!".[15]

F. W. Woolworth hizo algo que muy pocas personas deciden hacer: aprovechó su oportunidad. No esperó la situación perfecta, no se quejó cuando las cosas eran difíciles, y no se detuvo cuando enfrentó oposición. Buscó una oportunidad y después se negó a abandonarla.

Comparto con usted esa historia porque cada nuevo día en Cristo es una nueva oportunidad para que suceda algo increíble. Al igual que F. W. Woolworth, lo

> *Cada nuevo día en Cristo es una nueva oportunidad para que suceda algo increíble.*

único que tenemos que hacer es aprovechar con valentía esa oportunidad diaria. Veamos lo que dice la Biblia en Salmos 84:11 (NTV):

> Pues el Señor es nuestro sol y nuestro escudo; él nos da gracia y gloria. El Señor no negará ningún bien a quienes hacen lo que es correcto.

Esa verdad de la Palabra de Dios es tan buena que probablemente debería volver a leerla. ¡Qué promesa tan asombrosa! El Señor "nos da gracia y gloria". Eso significa que usted tiene la gracia y el favor de Dios *hoy* para hacer algo que no podría haber hecho por sí solo. La gracia y el favor de Dios están abriendo oportunidades para usted… en este momento… ¡hoy!

Y se pone aún mejor. El versículo sigue diciendo que Él "no negará ningún bien a quienes hacen lo que es correcto". Habrá nuevas oportunidades de Dios mañana y al día siguiente, y al siguiente. ¡Cada nuevo día con Dios es una nueva oportunidad para vivir amando su vida!

Puede leer esas palabras y pensar: *Bueno, yo no siento que mi vida esté llena de oportunidad. En realidad no veo cómo cada nuevo día trae una nueva oportunidad de que suceda algo asombroso.* Entiendo que lo sienta de esa manera; a veces no vemos las oportunidades que tenemos. Es fácil ser desalentados por errores del pasado o distraídos por obstáculos presentes y pasar por alto las oportunidades que están a la espera de que las agarremos. Por lo tanto, permita que le muestre cinco oportunidades que usted tiene hoy y que puede que quizá no haya observado...

1. Una oportunidad de hacer algo que ha tenido miedo a hacer antes

El temor es una de las principales causas que evita que vivamos la vida abundante que Jesús vino para darnos: el temor a lo desconocido, el temor al fracaso, el temor a no ser lo suficientemente buenos. Pero nuestra vida en Cristo ya no tenemos que vivirla con temor.

Isaías 41:10 dice: "No temas, porque yo estoy contigo; no te angusties, porque yo soy tu Dios. Te fortaleceré y te ayudaré; te sostendré con mi diestra victoriosa".

¡Qué oportunidad tan asombrosa! Puede ser el día en que usted haga algo que ha tenido miedo a hacer antes. Puede ser el día en que enfrente con valentía y confianza los retos que le han acobardado en el pasado. Y debe hacerlo porque Dios promete que Él le sostendrá con su diestra victoriosa.

- Puede que haya tenido temor a volver a estudiar para conseguir su título... hoy es una oportunidad para ser valiente.

- Puede que haya tenido temor a solicitar ese empleo...hoy es una oportunidad para estar confiado.
- Puede que haya tenido temor a volver a ser vulnerable...hoy es una nueva oportunidad para no tener miedo.

Para cualquier temor que le haya retenido, recuerde lo que dice 2 Timoteo 1:7 (NTV): "Pues Dios no nos ha dado un espíritu de temor y timidez sino de poder, amor y autodisciplina". Aproveche su oportunidad y haga algo valiente hoy en ese espíritu de poder y amor.

2. Una oportunidad de hacer que el presente sea mejor que el ayer

Proverbios 4:18 nos dice que "la senda de los justos se asemeja a los primeros albores de la aurora: su esplendor va en aumento hasta que el día alcanza su plenitud".

Dios no quiere que usted viva una vida estancada, repitiendo hoy los mismos errores que cometió ayer. Cualquier error que cometió ayer...ya ha terminado. Cualquier desengaño que pudo haber enfrentado ayer...ese día está en el espejo retrovisor. Hoy es una oportunidad totalmente nueva de volver a comenzar. Con la ayuda de Dios, puede decidir aprender del pasado y avanzar. ¡Hoy puede ser un día asombroso!

3. Una oportunidad de perseguir el sueño que hay en su corazón

Christopher Reeve dijo: "Muchos de nuestros sueños...al principio parecen imposibles; y después parecen improbables; y entonces cuando reunimos la voluntad, pronto se vuelven inevitables".[16]

El sueño que Dios le da es muy diferente a un deseo o una aspiración. Es algo de lo que no puede alejarse, algo que parece estar llamándole a avanzar. Pero desgraciadamente, muchas personas no persiguen sus sueños; se quedan sentadas sin hacer nada, esperando a que tan solo se produzcan por sí solos.

Cualquier cosa que sienta que Dios le está llamando a hacer, tendrá que dar pasos activos para perseguirla. Él le dará la fuerza que necesita, y abrirá un camino incluso donde parezca imposible, pero usted tiene que dar un paso de fe y moverse en la dirección correcta. Todos llegamos donde queremos ir paso a paso, de modo que haga que hoy sea un día en el que aproveche la oportunidad de dar más pasos en la dirección correcta.

¡Nunca habrá un mejor momento que ahora! No siga posponiéndolo un día más, un mes más u otro año más. Sea valiente y entienda que hoy es su oportunidad de comenzar. Haga algo, aunque sea pequeño, pero niéguese a hacer nada. Todos podemos orar hoy, y eso debería ser siempre lo primero que hagamos. Si usted tiene un sueño, una meta, un deseo, y no sabe si hay algo que pueda hacer en este momento para trabajar hacia ello, entonces ore y pida a Dios que comience a abrir puertas.

4. ¡Una oportunidad de hacer algo que le guste!

Una de las cosas que nos ayudará a vivir amando nuestra vida es si regularmente hacemos cosas que nos gustan. Aunque sacrificarnos por otros es bíblico y bueno, también es bueno y emocionalmente saludable hacer cosas que nos gustan. La semana pasada le pedí a Dave que me llevara a tomar un café y él se alegró de hacerlo, pero la cafetería donde yo quería ir requería que hiciéramos un viaje de una hora para ir y volver. Yo dije: "Podría parecer una necedad conducir una hora para tomar una taza de café". Pero Dave dijo: "Tú lo vales". No solo agradecí su actitud generosa, sino que también me recordó que todos valemos un poco de extravagancia ocasionalmente.

El café que sirven en esa cafetería es muy bueno, y lo ponen en una tacita muy bonita, ¡y la espuma que lo cubre es perfecta y tiene forma de corazón! Mi punto es que me gusta, y aproveché la oportunidad de hacer algo que me gusta. Usted debería hacer lo mismo.

5. Una oportunidad para pedir ayuda

¿Ha estado alguna vez perdido y ha pensado: *Me gustaría haber pedido indicaciones a alguien*, o ha estado alguna vez batallando con un proyecto usted solo y ha pensado: *Me gustaría que hubiera alguien aquí que pudiera ayudarme*?

La ayuda es algo que todos necesitamos de vez en cuando, pero en raras ocasiones pedimos. Quizá somos demasiado autosuficientes o demasiado orgullosos para admitir que no podemos hacerlo nosotros solos; cualquiera que sea la razón, estamos frustrados en la vida porque sencillamente necesitamos ayuda.

Bueno, tengo noticias estupendas para usted: Dios está dispuesto a darle la dirección que necesita y la ayuda que requiere. Dios no solo le ayudará, sino que también proveerá a otras personas para que le ayuden si usted se lo pide. Puedo decir sinceramente que no sé lo que haría sin todas las personas que hay en mi vida que me ayudan, pero hubo una época en que yo era tan independiente que intentaba hacerlo todo yo sola y no pedir ayuda. Todos nos necesitamos unos a otros, y realmente les robamos a otros la oportunidad de utilizar los dones que Dios les ha dado si nos negamos a permitirles que nos ayuden.

- Si necesita sabiduría para una decisión, pida ayuda.
- Si su cuerpo o su alma no tienen buena salud, pida ayuda.
- Si una relación tiene problemas, pida ayuda.
- Si necesita hacer un ajuste de actitud, pida ayuda.

> *Hoy es una oportunidad estupenda para invitar a Dios a su situación para que cambie las cosas.*

Hoy es una oportunidad estupenda para invitar a Dios a su situación para que cambie las cosas. Él tiene un plan asombroso para su vida y quiere verle caminar en victoria…lo único que usted tiene que hacer es pedirle ayuda.

No espere, ¡persígalo!

Su vida en Cristo está llena de oportunidades; tan solo tiene que buscarlas. Cada nuevo día es un nuevo día para servirle a Él, experimentar su amor, caminar en la plenitud de su gozo, y amar la vida que Él vino para darle. No desperdicie otro día más quedándose sentado sin hacer nada, deseando poder tener un respiro. ¡Tome la iniciativa!

No olvide…

- Usted tiene la gracia y el favor de Dios *hoy* para hacer algo que no podría haber hecho por sí solo.
- Hoy puede ser el día en que haga algo que ha tenido miedo a hacer antes.
- ¡Hoy puede hacer algo que le guste!
- Hoy puede dar un paso más hacia el cumplimiento de sus sueños.
- Hoy puede pedir ayuda.

El propósito de la vida, después de todo, es vivirla, gustar la experiencia al máximo, buscar con ganas y sin temor experiencias más novedosas y más ricas.

Eleanor Roosevelt

CAPÍTULO 13

La regla de los cinco minutos

La preocupación a menudo proyecta una gran sombra sobre algo pequeño.

Proverbio sueco

Todos hemos oído sobre la importancia de la administración del tiempo. Si quiere evitar el estrés, una buena administración del tiempo es una manera eficaz de hacerlo. Si maneja bien su calendario, es puntual y trabaja con diligencia para mantenerse en la tarea, sus días probablemente serán mucho más fáciles. Eso es administración del tiempo.

Creo que hay algo tan importante como la administración del tiempo, si no más, a fin de vivir amando su vida. Me gusta llamarlo "administración del pensamiento". Para vivir amando su vida, es sabio manejar sus pensamientos con la misma diligencia con la que podría manejar su tiempo. Y una manera estupenda de hacer eso es vivir según la regla de los cinco minutos.

La regla de los cinco minutos es bastante sencilla: *No emplee ni siquiera cinco minutos obsesionado por algo que no importará dentro de cinco años, cinco meses, o cinco semanas.* ¡Esta es una herramienta práctica que le ayudará a amar su vida!

Es asombroso pensar en toda la energía que empleamos pensando en cosas que no importan. Nos obsesionamos a veces por las cosas más pequeñas, sin darnos cuenta de que estamos malgastando nuestro gozo. Seríamos mucho más sabios si enfocamos nuestros pensamientos y nuestra energía en los asuntos que realmente importan, los asuntos que afectarán a nuestras vidas a largo plazo.

En lugar de obsesionarse por las irritaciones de asuntos sin importancia en la vida, ¿por qué no se recuerda a usted mismo que de ahora en cinco días o menos no importarán, de todos modos?

Atormentarnos por asuntos (sin importar *cuáles* sean) nunca ayuda a nada, y sin duda no nos produce paz y gozo. Es una total pérdida de tiempo. Recuerdo al esposo irritado que le preguntó a su esposa: "¿Por qué siempre te preocupas cuando eso no hace ningún bien?". Ella respondió a la defensiva: "¡Ah, sí lo hace! El noventa por ciento de las cosas por las que me preocupo nunca suceden".

Conozco a un hombre que tiene una variante de problemas de trastorno obsesivo compulsivo en su vida. Eso significa que tiene una compulsión a ser obsesivo con respecto a ciertas cosas No puede (o no quiere) estar en paz, ni disfrutar de su vida, a menos que ciertas cosas sean exactamente de la manera en que él quiere que sean. Le preocupa especialmente cómo se ve todo en su vida. El patio de su casa tiene que estar perfectamente cuidado, su auto tiene que estar intachable, y si uno de sus hijos hace algo y lo mancha, él se enoja. Su ropa y su cabello tienen que verse de una manera específica para que él esté contento, pero lo cierto es que las cosas que le molestan ni siquiera las notan otras personas. Su preocupación por esas cosas es muy extrema cuando se compara con lo que realmente es. Aunque todos tenemos algunas cosas que para nosotros son mucho más importantes de lo que podrían ser para otra persona, cualquier cosa que se lleva a un extremo es una puerta abierta para que el diablo nos atormente.

Filipenses 4:6-7 dice:

> No se inquieten por nada; más bien, en toda ocasión, con oración y ruego, presenten sus peticiones a Dios y denle gracias. Y la paz de Dios, que sobrepasa todo entendimiento, cuidará sus corazones y sus pensamientos en Cristo Jesús.

Y Mateo 6:25 dice:

> Por eso les dijo: No se preocupen por su vida, que comerán o beberán; ni por su cuerpo, como se vestirán. ¿No tiene la vida más valor que la comida, y el cuerpo más que la ropa?

Las instrucciones de Dios son muy claras aquí: no pase ningún tiempo obsesionándose por nada. Nada en la vida es perfecto, y ese es sencillamente un hecho que todos tenemos que manejar. A nivel práctico, a continuación está como podría verse la regla de los cinco minutos para usted hoy...

- No emplee ni siquiera cinco minutos enojado por un atasco de tráfico... ¡ni siquiera importará a la larga!
- No desperdicie cinco minutos sintiéndose inseguro por lo que alguien dijo sobre usted... ¡lo único que realmente importa es lo que Dios dice sobre usted!
- No se enoje durante cinco minutos porque no puede encontrar el control remoto o su teléfono celular... ¡aparecerá!
- No pierda los nervios durante cinco minutos cuando no se sale con la suya... de todos modos, ¡el camino de Dios es mejor!
- No emplee cinco minutos sintiendo pánico porque su cabello no coopera hoy... ¡se verá mucho mejor mañana!

> *La regla de los cinco minutos se trata de mantener el enfoque, y emplear su energía, en las cosas que realmente importan.*

¿Entiende a lo que me refiero? La regla de los cinco minutos se trata de mantener el enfoque, y emplear su energía, en las cosas que realmente importan. No desperdicie su vida de cinco en cinco minutos. En cambio, pida a Dios que le dé un sentimiento sano de perspectiva para poder vivir cada día amando su vida.

Ponga su confianza en Dios

Sentirnos preocupados o incómodos es un problema para muchas personas en el mundo actualmente. Sin duda, está en la naturaleza humana preocuparnos por las situaciones malas en nuestro mundo y en nuestras vidas personales, pero si no tenemos cuidado, el diablo hará que nos preocupemos más allá de lo razonable… más allá de cinco minutos.

Tenga en mente que la preocupación es como una mecedora: siempre está en movimiento pero no le lleva a ninguna parte. Por eso es una pérdida total de tiempo. Y no solo es inútil, sino que también la preocupación es peligrosa porque nos roba la paz, nos desgasta físicamente, e incluso puede hacernos enfermar.

La preocupación es lo contrario a la fe. Cuando nos preocupamos, tan solo nos atormentamos a nosotros mismos suponiendo lo peor. Hacemos el trabajo del diablo por él cuando nos estresamos por problemas en nuestras vidas. Hay problemas muy serios en la vida que requieren mucho más que cinco minutos de nuestro tiempo y nuestros pensamientos, pero son limitados comparados con el número de cosas que permitimos que nos frustren y que no son tan importantes.

Recientemente estaba yo en un teatro, y en un receso en el espectáculo decidimos movernos y sentarnos con un amigo que estaba unas filas por detrás de nosotros sentado en el asiento del pasillo y tenía asientos libres a su lado. Debido a que pensé que quizá necesitaría ir al baño antes del final del espectáculo, y ya que no quería molestar a nadie, pensé que cambiarnos de asiento era una buena decisión. Sin embargo, cuando comencé a sentarme, la mujer que estaba en el asiento de atrás se molestó y me dijo enfáticamente: "¡No se siente delante de mí!". Ella se dio cuenta de que esos asientos no eran los nuestros, y quería tomar fotografías y no quería que yo estuviera sentada allí. Decidí que era mejor escoger otro asiento y no causar más molestias, pero sentí que el enojo se amontonaba en mi interior.

Tuve que aplicar la regla de los cinco minutos, pero la apliqué en dos minutos en lugar de cinco. Tuve una pequeña charla conmigo misma y me dije: *Joyce, probablemente nunca más volverás a ver a esta mujer en tu vida, y estar enojada no la cambiará, así que déjalo y sigue disfrutando de tu día.*

La única manera de vivir amando su vida es no permitir que las cosas arruinen su paz, y eso es especialmente cierto con cosas que de todos modos no tiene mucha importancia. La paz no aparece mágicamente en nuestras vidas; ¡tenemos que perseguirla, desearla, y buscarla!

En lugar de enfocarnos en todas las cosas pequeñas que nos roban el gozo de cinco en cinco minutos, tengo otra sugerencia. Siga las instrucciones que se encuentran en Salmos 37:3 (NTV). Este versículo nos da un estupendo paso de acción para vencer el temor, la ansiedad y la preocupación. Dice:

> Confía en el Señor y haz el bien; entonces vivirás seguro
> en la tierra y prosperarás.

Una opción mejor

En lugar de obsesionarse, preocuparse e inquietarse de cinco en cinco minutos, deje que le aliente a hacer algo mucho mejor. Entregue su mente a lo que esté haciendo en el momento. Nos perdemos una gran parte de cada día cuando nos enfocamos en cosas que han sucedido en lugar de lo que está sucediendo en el momento. Otra opción es dar la vuelta por completo a la regla de los cinco minutos y pasar cinco minutos cada vez en pensamientos y actividades llenas de fe y positivas que le ministren vida en lugar de miseria.

- Pase cinco minutos consecutivos dando gracias a Dios por todas sus bendiciones.
- Tome cinco minutos para ayudar hoy a alguien que esté cerca.

- Acuda a Dios y pase cinco minutos en oración la próxima vez que se sienta abrumado por los acontecimientos en su día.
- Llame y aliente a un amigo durante cinco minutos.
- Declare promesas de la Biblia sobre su vida durante cinco minutos antes de irse a la cama.

Todo se trata de perspectiva. Si usted hace cosas en intervalos (aunque sean tan breves como cinco minutos) que tengan un gran impacto real, duradero y eterno, descubrirá que su actitud y su perspectiva de la vida son mucho mejores. Comenzará a vivir amando su vida... ¡de cinco en cinco minutos!

No olvide...

- Para disfrutar de la vida que Jesús vino para darle, es sabio manejar sus pensamientos con la misma diligencia con la que maneja su tiempo.
- Enfoque sus pensamientos y su energía en los asuntos que realmente importan, los asuntos que afectarán su vida a largo plazo.
- La regla de los cinco minutos es bastante sencilla: *No emplee ni siquiera cinco minutos obsesionándose por algo que no importará dentro de cinco años, cinco meses o cinco semanas.*
- La preocupación es como una mecedora: le mantiene ocupado, pero nunca le lleva a ninguna parte.
- No desperdicie su vida de cinco en cinco minutos. En cambio, pida a Dios que le dé un sentimiento sano de perspectiva para que pueda vivir amando su vida cada día.

Atesore sus ayeres, sueñe sus mañanas y viva sus presentes.

Anónimo

CAPÍTULO 14

Viva cada día como si fuera el último

No son los años en su vida lo que cuenta, sino la vida en sus años.

Adlai Stevenson

Creo que está en el camino de vivir verdaderamente amando su vida. Pero antes de seguir avanzando, hay otra cosa de la que necesitamos hablar...y quizá sea la más importante de todas: una de las mejores maneras de vivir amando su vida es vivir cada día como si fuera el último. Comience a hacer las cosas que son importantes para usted, y también cosas que le gustan.

No estoy hablando de vivir con miedo a que hoy pudiera ser su último día en la tierra; le estoy alentando a aprovechar al máximo cada día. No sé de usted, pero una de las cosas que pueden frustrarme es desperdiciar el tiempo. Soy una persona orientada a las metas y me gusta lograr algo, aunque sea algo pequeño, cada día. Cuando creemos que nos quedan días interminables, puede que tendamos a posponer cuando se trata de hacer cosas que queremos hacer, pero es muy poco sabio hacer eso.

Puede que haya visto la película *The Bucket List* (Ahora o nunca), en la que dos hombres que tienen enfermedades terminales hacen una lista de cosas que siempre habían querido hacer pero que nunca hicieron. Al darse cuenta de que su tiempo se acerca al final, tomaron la decisión de ocuparse haciendo las cosas que deberían haber hecho a lo largo de sus vidas. Yo conozco a varias personas que han hecho sus listas después de ver esa película, y se tomaron más en serio sacar tiempo para hacer algunas de las cosas que realmente querían hacer en la vida.

Ninguno de nosotros puede pasar los días solamente haciendo cosas que quiere hacer. Todos tenemos responsabilidades que están antes, pero si no añadimos las cosas que nos gustan, la vida puede volverse muy insípida con mucha rapidez. Yo lo veo como añadir sal, pimienta u otras especias a mi comida. Esa especia no lo es todo, pero sin duda ayuda a resaltar el sabor. Añadir algunas especias a su vida no significa que tenga que hacer algo grande que requiera mucho tiempo y dinero. En lugar de encontrar razones por las cuales no puede hacer algo, ¿por qué no encontrar maneras de poder hacerlo? O si no puede hacer exactamente lo que quiere hacer, entonces haga una versión de ello. Si le encantaría viajar por Europa pero eso es imposible en este momento, entonces vaya al menos a algún lugar donde no haya ido nunca.

Ahora bien, si no tiene las finanzas para hacer algunas de las cosas que le gustaría hacer, entonces será necesario posponerlo hasta otro momento. Hay muchas razones por las que necesitamos esperar para hacer algunas cosas, pero no tenemos que esperar para hacer todo lo que nos gusta. Haga su propia lista. ¿Cuáles son algunas de las cosas que quiere hacer antes de que termine su tiempo en la tierra? Cuando sepa lo que quiere hacer, intente programar al menos algunas de ellas cada año. Tenga cosas en su lista que sean grandes y otras que sean pequeñas, para que siempre pueda tener una variedad entre donde escoger.

No sea el tipo de persona que observa a otras personas hacer cosas y después dice: "Yo siempre he querido hacer eso, pero supongo que nunca pude". Cuando hacemos eso, probablemente nos sentiremos privados y después terminaremos con resentimiento hacia la vida en lugar de amarla. Si usted no puede hacer las cosas que le gustaría hacer ahora, al menos puede decir: "¡Algún día voy a hacer eso!". La esperanza nos vigoriza y nos da algo hacia donde mirar.

Disfrute

Recuerdo que hace muchos años quedé sorprendida una vez cuando me di cuenta al estudiar la Escritura de que Jesús vino para que pudiéramos tener y disfrutar nuestra vida (ver Juan 10:10).

Mi hijo y su esposa acababan de tomar un fin de semana y fueron a un bonito hotel local. Ellos tienen tres hijos pequeños y querían tener un descanso de la rutina de la vida diaria. Comieron fuera, fueron de compras, y tuvieron la oportunidad de hablar el uno con el otro sin ser interrumpidos constantemente por los niños, que hacen una pregunta cada cinco minutos. Yo estaba muy contenta por ellos, y su alegría y disfrute me dio disfrute a mí. Jesús se siente de ese modo con nosotros: ¡nuestro disfrute le da alegría a Él!

Parte del disfrute es la risa, y es algo más que una buena idea: ¡es una idea bíblica! Dios nos dio la capacidad de reír, y seríamos sabios en aprovecharla al máximo. La risa produce salud al alma… y al cuerpo. A lo largo de los años he leído y he oído mucho sobre los beneficios de la risa. Por ejemplo, es de conocimiento común que la risa puede mejorar su salud de las siguientes maneras:

- La risa produce la liberación de endorfinas, una sustancia química en el cuerpo que alivia el dolor y crea un sentimiento de bienestar.
- La risa puede elevar su nivel de energía, aliviar la tensión, y cambiar su actitud.
- Se sabe generalmente que la risa aumenta los anticuerpos y fortalece el sistema inmunitario.
- Unas risas a carcajadas hace que usted inhale más oxígeno y estimula su corazón y su circulación sanguínea. ¡Es como ejercicio aeróbico interno!

He descubierto que las cosas que más me hacen reír no son caras. Por lo general se producen cuando no estoy intentando entretenerme, sino tan solo viviendo mi vida diaria y común. Me encanta pasar tiempo con personas que tienen un buen sentido del humor y tienden a hacerme reír mucho. El tiempo pasado con esas personas es muy renovador para mí. Como la mayoría de ustedes, yo trabajo muy duro y podría fácilmente estar tan enfocada en mis responsabilidades que no tomo tiempo para la risa, pero es importante en más aspectos de lo que los que podríamos pensar.

Por fortuna, tengo algunas personas en mi familia inmediata que tienen la bendición de tener ingenio, y estoy agradecida por eso. Creo que la capacidad de hacer reír a los demás es un regalo de Dios.

Una de las maneras de reírnos más es ser menos serios sobre algunas cosas. Aunque hay algunos asuntos muy serios en la vida que debemos tratar, hay otras cosas en las que nos ponemos intensos cuando en realidad no tenemos que hacerlo. Los errores que cometemos en la vida es una de esas cosas. Aprenda a reírse de usted mismo en lugar de menospreciarse por sus imperfecciones.

Los niños encuentran la manera de reír a pesar de todo, y podemos aprender mucho de ellos. Hágase más como un niño y tome la decisión de reír más y preocuparse menos.

¡Celebre!

Además de hacer cosas que quiere hacer, también le aliento a que comience a celebrar. No necesita esperar a lograr algo importante en la vida, como graduarse de la universidad o casarse, para celebrarlo. Puede y debería comenzar a celebrar las pequeñas victorias en su vida. La celebración no tiene por qué ser algo caro, y es algo que puede hacer usted mismo. Se trata más de una actitud que de un acontecimiento.

Para vivir amando su vida, necesitará dejar de hacer un inventario continuo de todas las cosas que cree que son equivocadas en usted mismo y en su vida. Tenemos una tendencia muy fuerte como seres humanos a enfocarnos en lo mucho que nos queda de camino en lugar de hacerlo en lo lejos que hemos llegado, y en lo que no tenemos en lugar de lo que sí tenemos. Este versículo me ha ayudado realmente a vencer esas tendencias:

> Vale más lo visible que lo imaginario. Y también esto es absurdo; ¡es correr tras el viento!
>
> Eclesiastés 6:9

Salomón, el escritor del libro de Eclesiastés, fue un hombre que estableció la prioridad de aprender a disfrutar de la vida. Aunque probó muchas cosas que fracasaron totalmente, una de las cuales fue vivir solamente para sí mismo, sí llegó a algunas conclusiones con las que estoy de acuerdo. Una de ellas se resume en este versículo. Sencillamente dice que es mucho mejor disfrutar de lo que tenemos que desear continuamente lo que no tenemos.

¿Ha conocido alguna vez a alguna de esas personas que *nunca* está satisfecha, sin importar lo que esté sucediendo en su vida? Yo sí, y puede ser agotador solamente estar a su lado. Aunque puede que incluso esa persona diga que es bendecida, su lista de quejas es tan larga, que sus bendiciones quedan perdidas en ella. Se enfoca en lo negativo en la vida en lugar de hacerlo en las cosas positivas. Cree que será feliz "cuando" y "si", pero en cierto modo nunca llega a disfrutar de donde está y de lo que tiene *ahora*.

Si queremos vivir cada día como si fuera el último, dudo seriamente de que sigamos posponiendo el disfrute. Todos parecemos saber inherentemente lo que es importante, pero lo asignamos a algún día en el futuro. El "ahora" es lo que tenemos, así que comencemos a hacer el mejor uso de lo que tenemos.

He estado en un periodo en el que Dios ha estado tratando conmigo acerca de algunas de mis faltas y debilidades, y recientemente me encontré pensando demasiado en esas cosas. Tuve que detenerme y recordar cuán lejos he llegado en el crecimiento espiritual en lugar de hacerlo en lo que aún me queda por recorrer. Cuando Dios nos muestra nuestros defectos, no lo hace para que podamos quedarnos en ellos y desalentarnos; es un acto de su amor por nosotros y su manera de ayudarnos a mejorar. Si usted se lo permite, Él también le mostrará cuán lejos ha llegado en su viaje con Él. Celebre regularmente sus éxitos, y le ayudará a tratar más eficazmente las cosas que aún necesitan cambiar.

Cuando Dios me llame a mi celeste hogar y las personas que me aman se reúnan para recordar mi vida, no quiero que estén tristes y se sientan desgraciadas; quiero que celebren mi memoria y mis logros. ¡Dios quiere que hagamos eso cada día! Disfrute del presente y viva como si pudiera ser su último día.

Decida amar su vida hoy

Louis E. Boone dijo: "El resumen más triste de una vida contiene tres descripciones: podía haber, podría haber, y debería haber".[17] Y creo que él tiene razón. Hay muchas personas que viven una vida pensando en lo que podía haber, podría haber o debería haber, pero usted no tiene que ser así. Puede vivir el presente como si fuera su último día en la tierra, maximizando cada momento. Asegúrese de hacer saber cómo se siente a las personas que le aman. No espere hasta que sea demasiado tarde y después viva con lamento por cosas que quiso decirles pero que nunca les dijo. En lugar de *podía haber, podría haber* o *debería haber*, puede vivir una vida de: *¡Me encantó! ¡Me reí! ¡Viví plenamente!*

No olvide…

- Viva cada día como si fuera el último.
- Comience a hacer las cosas que siempre ha querido hacer.
- Celebre cada pequeña victoria en su vida.
- Diga a las personas cuán importantes son para usted.
- Disfrute de la vida ahora y no deje que nada le detenga.

Bien, su mayor gozo, sin duda, proviene de hacer algo por otra persona, especialmente cuando se hizo sin pensar en recibir nada a cambio.

John Wooden

CAPÍTULO 15

Sea la persona que Dios creó que fuera

Lo que está detrás de nosotros y lo que está delante de nosotros son asuntos diminutos comparados con lo que está dentro de nosotros.

atribuido a Ralph Waldo Emerson

Una de las mejores maneras de vivir amando su vida es decidir estar cómodo consigo mismo. Hasta que haga eso, su actitud, sus relaciones y su propia paz mental se verán grandemente comprometidas. Ser la persona que Dios creó que fuera es de máxima importancia…y tiene sentido. Permítame mostrarle a qué me refiero…

Mi amiga Darlene Zschech es una de las cantantes y líderes de adoración más dotadas que he conocido jamás. Cuando ella se pone en pie para dirigir la adoración, es realmente increíble verlo. Ese es su don; ella es estupenda en hacer eso. Pero ¿puede imaginar si de repente Darlene decidiera que quería ser piloto de autos de carreras? Quizá vio una carrera en televisión y decidió: *Sería estupendo si yo pudiera conducir con esa rapidez.* No creo que le fuera muy bien, y temería por su seguridad. ¿Por qué? Porque Darlene no fue creada para ser piloto de autos de carreras.

Tengo otra amiga estupenda, Christine Caine, que está increíblemente dotada para enseñar la Palabra de Dios. Para eso la creó Dios. Pero ¿y si Christine decidiera un día que quería ser una estrella de cine de Hollywood? Por talentosa que sea, nunca me ha dicho que actuar sea el deseo o el sueño de su vida. Y si intentara encontrar felicidad en ser la protagonista de la siguiente película del verano de gran presupuesto, probablemente terminaría muy frustrada.

Darlene y Christine serían las primeras en decirle que son más felices cuando operan con su conjunto único de habilidades…sin intentar ser otra persona.

Puedo identificarme con esa idea porque me tomó bastante tiempo aprender a sentirme cómoda siendo yo misma. He intentado ser varias cosas diferentes a lo largo de los años que no eran propias de mí. Recuerdo cuando intenté aprender a tocar la guitarra; no me fue bien. También recuerdo cuando decidí que iba a ser un ama de casa que horneara cosas todo el día para mi familia y cosiera la ropa a todos. Vaya…fue todo un error. Nunca he estado tan frustrada en toda mi vida.

A pesar de lo mucho que lo intenté, esas cosas no eran para mí. ¿Y sabe qué? Mientras más me frustraba intentando ser otra persona, más sufrían mis relaciones. Tuve mucha más paz (y las personas que me rodeaban sintieron lo mismo) cuando entendí que Dios me había creado para enseñar su Palabra y que *eso* iba a ser mi enfoque.

Pero no eran solo mis habilidades las que comparaba con las de otras personas; también comparaba mi temperamento y personalidad con los de otros. Yo soy agresiva, clara y valiente, pero cuando observaba a otras mujeres que eran más tranquilas y más dulces por naturaleza, permitía que el diablo me convenciera de que algo iba mal conmigo y que tenía que ser más parecida a como eran ellas. Sí es cierto que necesitaba experimentar algunos cambios. Necesitaba mejorar en el modo en que me presentaba a otras personas. Yo era un poco dura debido al abuso que había experimentado. Con los años, Dios suavizó mi corazón y me dio más sabiduría sobre cómo operaba yo en las relaciones, pero aún así necesitaba aceptar el temperamento y la persona que Dios me había creado para que fuera. ¡Y usted también necesita hacerlo!

¿Y qué de usted? ¿Está contento con la persona que Dios creó que fuera, o intenta constantemente parecerse a otra persona? Si alguna vez ha pensado: *Yo no tengo nada que ofrecer*, o *Me gustaría poder ser como fulanito*, Dios quiere liberarle de eso. Dios le creó para que sea un individuo único, le asignó talentos y habilidades, y Él quiere que usted se sienta cómodo consigo mismo. Eso no significa que nunca pruebe cosas nuevas, y tampoco significa que

> *Dios quiere que usted se sienta cómodo consigo mismo.*

otras personas no puedan inspirarle a estirarse y aprender algo diferente; simplemente significa que usted entiende que es asombroso y talentoso del modo en que Dios le creó; ¡no tiene que ser como ninguna otra persona!

Salmos 139:13 dice:

> Tú creaste mis entrañas; me formaste en el vientre de mi madre.

Y el versículo 14 dice:

> ¡Te alabo porque soy una creación admirable! ¡Tus obras son maravillosas, y esto lo sé muy bien!

Estos versículos le dicen que Dios se tomó su tiempo para crearle. Él sabía exactamente lo que estaba haciendo cuando diseñó meticulosamente su espíritu, alma y cuerpo. Él le ha dado talentos únicos, una personalidad hermosa, y un propósito individual. Emociónese, ¡pues puede celebrar la persona que Dios creó que usted fuera!

Vencer la inseguridad

Muchas personas en el mundo actualmente se enfrentan a una crisis de identidad, y eso sucede porque realmente no entienden quiénes son en Cristo. Dios quiere que encontremos nuestra dignidad y valor en el hecho de que Él nos creó, le pertenecemos a Él, nos ama, y tiene un plan muy bueno para nuestras vidas. Pero en lugar de encontrar su identidad en Él, muchos basan su dignidad y valor en otras cosas: cómo lucen, qué carrera profesional tienen, a quiénes conocen, o lo que poseen. Pero ninguna de esas cosas define la persona que Dios creó que usted fuera.

Si alguna vez se ha enfrentado a la inseguridad, reléjese, pues es usted normal. ¡Todos lo hemos hecho! Pero la buena noticia es que no tenemos que *seguir siendo* inseguros. No tenemos que vivir infelizmente, atascados en nuestra falta de confianza. Fuimos creados para sentirnos seguros, confiados y valientes; todo esto es parte de nuestro ADN espiritual como hijos de Dios. Pero la clave para vivir esa vida segura en Cristo es saber para qué fuimos creados, recibir realmente el amor incondicional de Dios por nosotros, y basar nuestra dignidad en lo que dice la Palabra de Dios sobre nosotros, en lugar de cualquier otra cosa.

Isaías 54:17 dice: "Esta es la herencia de los siervos del Señor". Me encanta este versículo de la Escritura porque nos muestra claramente que nuestra herencia mediante nuestra relación con Cristo es estar seguros. No tenemos que ir por la vida deseando ser alguna otra persona o preguntándonos lo que pensarán los demás sobre nosotros; podemos estar seguros y ser libres para ser la persona única que Dios creó que fuéramos.

Piénselo: la Palabra de Dios nos dice que somos coherederos con Jesús (ver Romanos 8:17) y que cualquier cosa que Él tiene, nosotros lo heredamos como un regalo de Él. ¿No es asombroso? Pero para vivir en la realidad de esa verdad, tenemos que recibirla por la fe, y eso requiere que lo creamos antes de recibirlo.

- Puede que no siempre se sienta talentoso… ¡pero lo es!
- Puede que no crea que es usted importante… ¡pero lo es!
- Puede que no crea que es bendecido… ¡pero lo es!
- Puede que no crea que es amado… ¡pero lo es!

Basamos nuestra fe en el hecho de la Palabra de Dios, y ese tipo de fe siempre declara (habla) lo que cree incluso antes de que se vea o se manifieste. Declarar su fe ayuda a renovar su mente, y realmente aumenta su fe. Lo que creemos sobre nosotros mismos se ve gravemente afectado por nuestros pensamientos y palabras. Le aliento a declarar lo que dice la Biblia sobre usted. Dios no solo ve lo que somos en este momento, sino que también ve en lo que nos estamos convirtiendo. Él ve el final desde el principio (ver Isaías 46:10). Esto le ayudará a vencer cualquier creencia negativa que tenga, y le capacitará para derrotar la oposición malvada que quiere robarle su destino, su paz y su gozo.

Dios le ama más de lo que puede imaginar

Karl Barth fue uno de los más grandes teólogos del siglo XX. Era un hombre brillante, y escribió extensamente sobre teología, fe y cultura. Hacia el final de su vida, estaba dando una conferencia en la Escuela de Divinidades de la Universidad de Chicago. Como puede imaginar, el salón de conferencias estaba lleno. Cuando terminó la conferencia, un ávido estudiante preguntó a Barth cuál consideraba él que era el mayor descubrimiento teológico de su vida.

Todos los asistentes estaban deseosos de oír su respuesta, esperando escuchar lo que diría este brillante teólogo, qué profunda verdad revelaría. Karl Barth pensó durante un momento, después sonrió y respondió: "La mayor perspectiva teológica que he tenido jamás es esta: Jesús me ama, yo lo sé, pues la Biblia dice así".[18]

Creo que es asombroso que un canto infantil de la escuela dominical pueda resumir efectivamente la base de nuestra salvación: Dios nos ama más de lo que podemos imaginar. Ojalá más personas entendieran la profundidad de este poderoso mensaje.

Durante años, yo fui una de esas personas que no llegaban a entender el amor de Dios por mí. Era una verdad sobre la que necesité revelación al principio en mi ministerio. De hecho, el primer mensaje que prediqué fue sobre el amor de Dios por nosotros.

Recuerdo que no quería predicar concretamente sobre ese tema, porque sentía que no era información nueva o especialmente emocionante; suponía que las personas ya sabían que Dios les amaba. Pero el Señor puso en mi corazón que muchas personas no entendían su amor, y que si lo entendieran, vivirían de modo muy distinto. No nos compararíamos con otras personas, no nos enredaríamos en la competición, ni tendríamos miedo a admitir debilidades si estuviéramos verdaderamente seguros en el amor de Dios.

Primera de Juan 4:17-18 dice:

> En el amor no hay temor, sino que el amor perfecto echa fuera el temor.

Cuando estudié este versículo, comencé a darme cuenta de que yo era una persona que aún tenía que entender el "amor perfecto" del Padre. Seguía teniendo temor, inseguridad y dudas sobre si me merecía su amor. Por lo tanto, durante el año siguiente de mi vida estudié el amor de Dios, y durante ese periodo de estudio comencé a recibir una revelación personal del amor incondicional de Dios y su aceptación de mí…y de todos aquellos que claman a su nombre. Me parece que con frecuencia intentamos existir solamente basados en información, pero lo que verdaderamente necesitamos es revelación. Necesitamos revelación sobre el amor que Dios tiene por nosotros, y estar profundamente arraigados en ese amor.

> Entonces Cristo habitará en el corazón de ustedes a medida que confían en él. Echarán raíces profundas en el amor de Dios, y ellas los mantendrán fuertes.
>
> Efesios 3:17 (NTV)

Fue esta revelación del amor incondicional de Dios la que me ayudó a entender que mi dignidad y valor se encuentran en la verdad de que soy hija de Dios, y no en lo que hago, lo que tengo, cómo luzco, o lo que otros piensan de mí. Sin duda, todos queremos vernos muy bien, hacer grandes cosas y que los demás piensen bien de nosotros, pero si estamos seguros en el amor de Dios y resulta que no logramos esas cosas, aún así podemos mantener nuestra cabeza alta y creer que somos amados y valiosos. Cuando hacemos eso, estamos poniendo nuestra fe en que Dios está a cargo de nuestras vidas, en lugar de que lo hagan nuestras circunstancias.

Independientemente de la carrera profesional que usted tenga, cuánto dinero tenga o no tenga, si está soltero o casado, o si tiene hijos o no, es usted valorado, aceptado y amado incondicionalmente por su Padre celestial.

Es muy importante entender esto, porque si cree falsamente que el amor de Dios se basa en lo que usted hace para ganarse la vida o en su desempeño en su vida cotidiana, nunca estará verdaderamente seguro y estable en su relación con Él. Pero cuando entiende que Dios le ama incondicionalmente, simplemente por quién es usted, será libre para vivir amando su vida y disfrutando de la persona que Él ha creado que usted sea.

Tres maneras de ser la persona que Dios creó que fuera

Cuando usted se gusta a sí mismo, se le hace mucho más fácil disfrutar su vida. Y aquí tenemos un beneficio añadido: cuando aprende a aceptarse y llevarse bien consigo mismo, tiende a tener mejores relaciones; puede aceptar mejor a los demás y llevarse bien con ellos.

La Biblia nos dice en múltiples ocasiones que amemos a nuestro prójimo como a nosotros mismos. Para muchas personas que tienen dificultades a la hora de llevarse bien con otros, la verdadera raíz del problema es una dificultad de creer en su propia autoestima.

Mateo 7:17 dice: "Del mismo modo, todo árbol bueno da fruto bueno, pero el árbol malo da fruto malo". Eso significa que el "fruto" de nuestra vida proviene de la "raíz" en nuestro interior. Si usted tiene en su alma raíces de inferioridad, vergüenza o rechazo consigo mismo, el fruto de sus relaciones sufrirá. Pero cuando obtiene una revelación del amor incondicional de Dios por usted y comienza a aceptar la persona que Él creó que usted fuera, esta nueva raíz producirá un fruto estupendo y sus relaciones se desarrollarán de manera hermosa. Me gustaría recomendarle que examine su corazón y se pregunte con sinceridad si cree verdaderamente, sin ninguna duda, que Dios le ama en todo momento, ya sea que se comporte usted perfectamente o no. Hasta que pueda responder con sí definitivo a esa pregunta, entonces necesita seguir estudiando y meditando en las Escrituras acerca del amor que Dios tiene por usted, y finalmente eso se convertirá en una revelación que nada ni nadie podrá arrebatarle. Pablo nos alienta a nunca dejar que nada: ni problemas, persecución, cosas que amenacen, o ninguna otra cosa en el mundo, nos separe del amor de Dios (ver Romanos 8:35, 38-39).

A continuación hay tres maneras prácticas de establecer sanas raíces espirituales que transformarán su perspectiva de la vida:

1. Declare cosas buenas sobre usted que Dios declara… nunca malas.

Mateo 12:37 dice: "Porque por tus palabras se te absolverá, y por tus palabras se te condenará". Proverbios 23:7 dice que cual es su pensamiento en su corazón, tal es ese hombre. Estos versículos nos dan una verdad muy poderosa que necesitamos entender: el modo en que hablamos y pensamos sobre nosotros mismos revela cómo nos sentimos con nosotros mismos.

Por lo tanto, deje que le sugiera que comience a cambiar su actitud acerca de usted mismo cambiando el modo en que se habla a usted mismo. Nunca diga cosas como: *Me veo terrible. Soy estúpido. ¿Quién podrá amarme alguna vez? Nunca hago nada bien.* Esas palabras negativas solamente refuerzan una raíz de inseguridad. En cambio, comience a decir cosas que están en consonancia con lo que dice la Palabra de Dios sobre usted. Cosas como...

* Soy más que vencedor por medio de aquel que me amó (Romanos 8:37).
* Soy creación de Dios (Efesios 2:10).
* Soy la justicia de Dios en Cristo Jesús (2 Corintios 5:21).
* Soy muy amado por Dios (1 Juan 4:10).

¡Es muy fácil hacer eso! Puede hacer esas declaraciones mientras está preparando la cena, mientras espera en un atasco de tráfico, o cuando se levanta en la mañana. Se sorprenderá del modo en que declarar la verdad de Dios sobre quién es usted realmente cambiará su perspectiva y beneficiará mucho sus relaciones.

2. Enfóquese en su potencial, no en sus limitaciones.

Los grandes deportistas nunca se enfocan en el último tiro que fallaron, la recepción anterior que dejaron caer, o el último fallo al disparar a puerta; en cambio, esperan ansiosamente su siguiente oportunidad para hacer una jugada increíble. Yo no soy muy seguidora de los deportes, pero puedo apreciar esta mentalidad. Una de las cosas que les hace ser campeones es la capacidad de enfocarse en su habilidad para mejorar la próxima vez, en lugar de hacerlo en sus errores y fracasos. El deportista, o cualquier persona exitosa, se enfoca en su potencial en lugar de hacerlo en sus limitaciones. ¡Seríamos sabios si hacemos eso mismo!

En lugar de obsesionarse por lo que no puede hacer, comience a alabar a Dios por las cosas que sí puede hacer. Maximice sus fortalezas y minimice sus debilidades. Dios le dio esos talentos, esa personalidad o esos intereses por un motivo. Pídale que le ayude a ver cómo puede aprovechar al máximo las habilidades y los talentos hermosos y únicos que Él le ha dado.

3. Destaque entre la multitud...no sea como todos los demás.

A Dios obviamente le encanta la variedad porque Él nos creó a todos de modo distinto, hasta nuestras huellas dactilares únicas. Usted nunca vivirá amando su vida si se pasa esa vida intentando ser como otras personas. Siempre habrá personas en su vida que sean grandes ejemplos a seguir, pero no pierda su propia identidad intentando ser como ellas. Permita que sus propios rasgos de personalidad únicos le distingan del resto de la multitud. Dios le creó para que sea diferente; acepte la belleza de esa verdad.

Si todo es lo mismo, entonces nada destaca y brilla. Es la infinita variedad de Dios combinada la que crea una belleza asombrosa. Cuando camino al aire libre, noto la interminable variedad de árboles, plantas, flores, pastos, e incluso malas hierbas. Todas son especiales y únicas, y al combinarse con las otras crean un mundo hermoso del que podemos sorprendernos. Si todo fuera exactamente igual, nada destacaría, y quizá yo no notaría nada.

Si aplica estas tres instrucciones prácticas a su vida, tengo confianza en que le ayudarán a fortalecer la imagen que tiene de sí mismo y también sus relaciones personales. Recuerde: usted es único, de modo que ¡salga ahí fuera y disfrute de la persona hermosa, talentosa y única que Dios creó que usted fuera!

No olvide...

- Una de las mejores maneras de vivir amando su vida es decidir estar cómodo siendo usted mismo.
- No tiene que ser como otra persona para sentirse feliz.

- Dios sabía exactamente lo que hacía cuando diseñó meticulosamente su espíritu, alma y cuerpo. Él le ha dado talentos únicos, una personalidad hermosa y un propósito individual.
- Fuimos creados para sentirnos seguros, confiados y valientes; esto es parte de nuestro ADN espiritual como creyentes nacidos de nuevo.
- Usted es valorado, aceptado y amado incondicionalmente por su Padre celestial.

Dios no puede darnos
felicidad y paz lejos de sí
mismo, porque no está ahí.
No hay tal cosa.

C. S. Lewis

SECCIÓN III

Ame a otras personas y vivirá amando su vida

Este mandamiento nuevo les doy: que se amen los unos a los otros. Así como yo los he amado, también ustedes deben amarse los unos a los otros.

Juan 13:34

CAPÍTULO 16

El poder del amor

El amor es lo que hace que valga la pena el viaje.

atribuido a Franklin P. Jones

Usted no puede vivir amando su vida a menos que el amor sea el tema central de su vida. Esta es la premisa número uno de este libro. Solo cuando el amor es su búsqueda principal, es cuando comienza a tener propósito y a disfrutar de veras de su vida regularmente.

Digo eso porque el amor es la fuerza más poderosa del mundo. La Biblia nos dice que Dios es amor; por lo tanto, cuando usted hace del amor el enfoque de su vida, está haciendo que Dios sea la prioridad número uno en su vida. Primera de Juan 4:8 nos dice con toda claridad: "El que no ama no conoce a Dios, porque Dios es amor". Si quiere que Dios le conozca, es esencial que viva una vida de amor incondicional.

Ahora bien, no estoy hablando de un amor romántico o un amor emocional que solamente actúa basado en sentimientos de euforia. Estoy hablando de una *decisión* de amar: amar a Dios porque Él le amó primero, amarse a usted mismo porque es usted creado a imagen de Dios, y amar a los demás incluso cuando no tiene el sentimiento de hacerlo. Esto es amor real, lo que la Biblia llama amor ágape. Es un amor sin condiciones.

Cualquiera puede amar a las personas que le tratan bien. No se requiere ningún esfuerzo para amar a un compañero de trabajo que nunca ha dicho una mala palabra sobre usted. Es bastante fácil amar a un vecino que mantiene el pasto perfectamente cuidado y nunca le incomoda. Todo eso no es amor, sino más bien apreciación: *Usted es amable conmigo, así que yo seré amable con usted a cambio.* Pero ¿y cuando esa persona le ha ofendido? ¿Qué del familiar que es frustrante y le pone de los nervios? ¿Cómo maneja a la persona que comenzó ese rumor sobre su familia? ¿Es el amor el tema central de su vida cuando se trata de esas personas?

Yo aprendí hace mucho tiempo que no puedo controlar las acciones de otras personas. No puedo hacer que se comporten de cierto modo o que me traten como me gustaría ser tratada. El simple hecho es que siempre habrá personas que hieran nuestros sentimientos, pasen por alto nuestras necesidades, o no muestren bondad y compasión. Pero aunque no puedo controlar cómo se comportan conmigo, hay una cosa que yo puedo controlar...

¡Puedo controlar cómo les respondo!

Puedo mostrar amor frente a la oposición. Puedo mostrar generosidad incluso si han sido egoístas conmigo. Puedo hacer un elogio, compartir una palabra de aliento, u ofrecer una oración...incluso cuando no siento que lo merecen. ¿Y sabe qué? ¡También usted puede hacerlo! Puede vivir una vida de amor, independientemente de las acciones o conductas de quienes le rodean.

Cuando decidimos enfocarnos en lo que nosotros podemos hacer, en demostrar amor cada día, en lugar de en lo que otros están haciendo, comienza a suceder algo asombroso. En lugar de estar desalentados y molestos debido a lo que otra persona ha dicho o ha hecho, estamos llenos de gozo porque el amor es nuestra prioridad. Cuanto más amamos a otros, más felices y más realizados llegaremos a estar. ¡Amar a otros es el ingrediente principal para vivir amando nuestra vida!

> *¡Amar a otros es el ingrediente principal para vivir amando nuestra vida!*

El gozo de aprender a amar

Amar, como todo lo demás en la vida, es algo que debemos aprender a hacer. Aunque es natural amar fácilmente a nuestros propios hijos o a un cónyuge dedicado, amar a los demás no es siempre tan fácil. Se necesita práctica y determinación, es una conducta aprendida.

Aprender es una parte natural de la vida. Cada nuevo día trae con él nuevas oportunidades emocionantes de aprender algo que no sabíamos antes. Mientras estemos dispuestos a estar abiertos y recibir, Dios siempre nos enseñará cosas que serán beneficiosas para nosotros y para otros.

He estado estudiando y enseñando la Palabra de Dios por muchos años ya, pero sigo aprendiendo... y estoy feliz de saber que siempre lo estaré. Como dice la vieja frase: ¡Dios no ha terminado conmigo aún! Y las cosas que Dios sigue mostrándome sobre el amor enriquecen mi vida de maneras profundas. Estoy en un lugar en mi vida donde puedo decir sinceramente: "Señor, elimina en mi vida todo lo que me esté reteniendo. Por favor, quita cualquier cosa que esté evitando que camine en amor y encuentre verdadera satisfacción en mi vida".

Espero que usted pueda decir lo mismo, porque sé cuán profundamente cambiará su vida. Cuando podemos decir: "Señor, enséñame el gozo de vivir una vida de amor", toda nuestra perspectiva de la vida cambia. Es como si alguien enciende la luz en una habitación oscura. Comenzamos a ver cosas que antes nunca podíamos ver. El amor siempre echa fuera la oscuridad de nuestras vidas.

Aquí tenemos tres componentes para vivir una vida de amor.

1. Amar a Dios

Este es el aspecto más importante del amor: recibir el amor de Dios y después amarlo a Él a cambio. Deuteronomio 6:5 dice: "Ama al Señor tu Dios con todo tu corazón y con toda tu alma y con todas tus fuerzas". Jesús repite esta misma enseñanza en el Nuevo Testamento e incluso dice que es el mandamiento más importante (junto con amar a su prójimo como a sí mismo... hablaré más sobre esto en un momento).

La gente me pregunta con frecuencia: "Pero ¿cómo amo a Dios? ¿Es diciéndoselo? ¿Asistiendo a la iglesia? ¿Cantando alabanzas?". Todas esas cosas son buenas, pero son tan solo el principio. Mostramos nuestro amor a Dios mediante nuestra obediencia a Él. Después de todo, los actos hablan más alto que las palabras. Jesús lo dijo con mucha claridad en Juan 14:15: "Si ustedes me aman, obedecerán mis mandamientos".

He descubierto que nuestro nivel de obediencia aumenta a medida que llegamos a conocer y experimentar el amor de Dios, su bondad y su fidelidad en nuestras vidas. Nuestro deseo de seguir y obedecer los mandamientos del Señor aumentará a medida que aumentemos nuestro amor por Él.

2. Amarse a sí mismo

A veces, cuando la gente oye el término "amarse a sí mismo", cree que eso suena egoísta. *¿Por qué iba a amarme a mí mismo? No quiero enfocarme en mí.* Pero hay algo importante que a menudo la gente no entiende: no podemos dar algo que no tengamos en nosotros. ¿Cómo puede alguien amar a otra persona si no se ama a sí mismo?

> No podemos dar algo que no tengamos en nosotros.

Cuando Jesús habló sobre el mayor mandamiento, citó Deuteronomio 6:5, diciendo que tenemos que amar a Dios con todo nuestro corazón, pero también dijo: "Ama a tu prójimo como a ti mismo" (Marcos 12:31). ¿No es eso increíble? Aunque usted conoce sus faltas y errores, aunque sabe que no es perfecto, aunque puede que se defraude a usted mismo de vez en cuando, ¡Jesús quiere que aprenda a amarse a sí mismo!

Permítame alentarle a aceptarse y acoger su personalidad, incluso sus imperfecciones. Conviértase en su mejor aliado y amigo. Puede que aún no esté donde quiere estar, pero está haciendo progreso. Jesús murió por usted porque usted tiene debilidades e imperfecciones, de modo que no se rechace debido a ellas. Dios quiere que se ame a usted mismo, y que siga trabajando para progresar hacia llegar a ser la persona que Él ha creado que sea.

3. Amar a los demás

Aunque frecuentemente pensamos de amar a los demás (en especial a personas difíciles) como algo que es tremendamente difícil de hacer, tengo buenas noticias para usted: ¡es más fácil de lo que cree! Cuando aprende por primera vez a amar a Dios y después a amarse a usted mismo, amar a los demás es un subproducto natural. Sucederá más fácilmente de lo que jamás pensó que fuera posible. De hecho, ¡mostrar amor a otras personas se convertirá en un gozo completo! Sé por la Escritura (ver Romanos 12:21) que vencemos el mal con el bien. Creo que este es un secreto espiritual estupendo, y cuando lo hacemos, añade un poder espiritual tremendo a nuestras vidas. Si podemos ser buenos y amables con las personas que son mezquinas y desagradables con nosotros, entonces podemos hacer prácticamente cualquier otra cosa que tengamos que hacer en la vida. Jesús lo hizo, y cuando nosotros lo hacemos, entonces somos como Él.

Primera de Juan 3:14 dice: "Nosotros sabemos que hemos pasado de la muerte a la vida porque amamos a nuestros hermanos". "Vida" en este versículo se refiere a la vida de Dios, o la vida como Dios la tiene.

La clave para vivir la mejor vida que Dios tiene para usted es amar a los demás. Es la única manera de que la vida de Dios mismo siga fluyendo por medio

> La clave para vivir la mejor vida que Dios tiene para usted es amar a los demás.

de usted. El amor de Dios es un regalo para nosotros, está en nosotros, pero necesitamos liberar ese amor a otras personas mediante nuestras palabras y acciones. Si no liberamos el amor de Dios que está en nosotros, se quedará estancado, como un cuerpo de agua sin ninguna salida.

Tengo que decirle que el sencillo acto de amar a los demás es una de las cosas más placenteras que he experimentado. Cuando planeo hacer algo para bendecir a otra persona, ¡me emociono! ¡Me produce mucho gozo!

Usted puede experimentar esa misma euforia. Permítame hacerle un desafío: piense en dos o tres personas que conozca y que de veras podrían aprovechar un gesto de amor y bondad en este día. Y ahora piense en algunas maneras creativas en que puede expresar el amor de Dios a esas personas. Cuando ponga en acción su plan, le garantizo que tendrá un sentimiento de gozo total y satisfacción después.

Amar a Dios, amarse a usted mismo, amar a los demás; si se dedica a amar en estas tres áreas, se sorprenderá de la diferencia que marca.

Más que palabras

Russell Herman fue un carpintero de sesenta y ocho años de edad que murió en 1994. Lo que realmente le destaca fue el increíble conjunto de legados de caridad que dejó en su herencia: más de dos mil millones de dólares para East St. Louis, otros mil millones y medio para el estado de Illinois, más de dos mil millones para el sistema forestal nacional, y unos impresionantes tres billones de dólares para el gobierno para ayudar a pagar la deuda nacional. ¡Caramba! ¡Eso sí es una generosidad increíble!

Pero había un pequeño problema: cuando murió, el único bien real que Herman poseía era un Oldsmobile de 1983. No había millones, ni miles de millones ni billones. Herman hizo promesas increíbles, y también hizo algunos anuncios muy grandiosos, pero no había ninguna generosidad real porque no podía respaldar sus declaraciones.[19]

Cuando pienso en esta historia de Russell Herman, me recuerda que el amor es más que palabras; el amor es acción. No importa lo mucho que hablemos de bendecir a otros o ni siquiera cuántas veces pronunciemos las palabras "Te amo", solo serán promesas vacías si no estamos demostrando activamente el amor de maneras reales, notables y tangibles. C. S. Lewis dijo: "No desperdicie su tiempo preguntándose si 'ama' a su prójimo; actúe como si lo hiciera.

> El amor es más que palabras; el amor es acción.

En cuanto hacemos eso, encontramos uno de los mayores secretos. Cuando nos comportamos como si amáramos a alguien, en realidad llegamos a amarlo".[20] ¡La acción es la clave!

Me recuerda que el apóstol Santiago nos dijo en Santiago 2:14: "Hermanos míos, ¿de qué le sirve a uno alegar que tiene fe, si no tiene obras?". Y después dijo claramente que la fe sin obras es muerta (ver Santiago 2:17). Creo que lo mismo es cierto para el amor. ¿De qué le sirve a alguien profesar tener amor si no tiene buenas obras que lo demuestren? Si realmente queremos vivir una vida de amor, es importante que busquemos maneras de demostrar activamente esa vida.

La buena noticia es: ¡esa es la parte satisfactoria! Demostrar bondad, compartir felicidad, dar amor: estas son las cosas que pueden transformar cualquier mal humor y ayudarnos a disfrutar de veras de la vida. Por lo tanto, permítame alentarle hoy a:

- Sorprender a una vecina con un postre hecho en casa, o cortar su pasto a la vez que corta el de usted.
- Llevar a su cónyuge a una bonita cena y dejarle saber cuánto aprecia su duro trabajo.
- Ir a tomar un café con un compañero de trabajo y preguntarle sobre su vida.

- Enviar al maestro de su hijo o su nieto una nota de aliento, diciéndole que está haciendo un trabajo estupendo.
- Prestarse voluntario para cuidar a los hijos de unos amigos para que ellos puedan salir a cenar.

Hay incontables maneras de mostrar amor a las personas que hay en su vida, de modo que comience a aprovechar hoy esas oportunidades. Sea creativo, de maneras grandes o pequeñas, sencillas o elaboradas, cuando dé pasos de acción para amar a otros. Eso hará más que bendecirlos a ellos... ¡también le bendecirá a usted! Es una de las mejores cosas que puede hacer para disfrutar de veras de su vida. Así que no desperdicie ni un momento más, ¡comience hoy!

No olvide...

- No puede vivir amando su vida a menos que el amor sea el tema central de su vida.
- El aspecto más importante del amor es recibir el amor de Dios y después amarlo a Él a cambio.
- Acéptese a usted mismo y acoja su personalidad, e incluso sus imperfecciones. Puede que aún no esté donde quiere estar, pero está haciendo progreso. ¡Disfrute donde está camino a donde quiere ir!
- El amor de Dios es un regalo para nosotros, está en nosotros, pero necesitamos liberar ese amor a otras personas mediante nuestras palabras y acciones.
- Si realmente queremos vivir una vida de amor, es importante que busquemos maneras de demostrar activamente ese amor.

[El cristiano] no piensa que
Dios nos amará porque somos
buenos, sino que Dios nos
hará buenos porque nos ama.

C. S. Lewis

CAPÍTULO 17

Crear el ambiente correcto

Mi mejor amigo es quien saca lo mejor de mí.

atribuido a Henry Ford

¿Ha tenido alguna vez un acuario? ¿O ha conocido a alguien que tenía un acuario? Lo pregunto porque tengo un amigo que es un entusiasta de los peces, ¡ama su acuario! Pero no estoy hablando de un acuario pequeño situado sobre su escritorio. El acuario más pequeño que jamás haya tenido es un tanque de 55 galones (200 litros).

Es muy interesante oírle hablar sobre la inversión de tiempo necesaria para cuidar de sus peces y mantener su acuario. Supongo que muchas personas suponen que se puede tan solo meter agua en el tanque y después comprar unos cuantos peces, y así se empieza; pero no es así como funciona. Para tener un acuario exitoso, y para mantener con vida a los peces, hay que recorrer un largo camino para mantener el ambiente correcto. Hay que tener los filtros del tamaño correcto, mantener los balances químicos adecuados en el agua, poner juntos a ciertos tipos de peces, usar el tipo y la cantidad correcta de alimento... ¡conlleva muchísimas cosas!

No estoy segura de si estoy hecha para ser una entusiasta de los peces, pero sé que muchas personas lo son. Ya sea un tanque de agua salada o agua dulce, les encanta crear el ambiente correcto a fin de disfrutar de peces sanos.

Mire, creo que nuestras vidas tienen algunas similitudes con esos acuarios, porque para mantenernos sanos (en nuestro espíritu, alma y cuerpo) es importante que desarrollemos a nuestro alrededor un ambiente seguro, limpio y sostenible. Nunca vivirá amando su vida si está nadando en agua sucia. Por eso es esencial que cree el ambiente correcto para su vida.

Aquello de lo que se rodea importa. Si llena su vida de distracciones, negatividad, malas influencias y relaciones disfuncionales, va a ser imposible disfrutar de alguna parte de su día. En cambio, sucumbirá al ambiente poco sano y usted mismo se volverá poco sano. No es eso lo que Dios quiere para su vida. Él quiere que se desarrolle y prospere. Si usted se lo permite, Él quiere ayudarle a rodearse de influencias alentadoras y transformadoras que producirán gozo y felicidad cada día de su vida.

Probablemente podría escribir un libro sobre cómo crear el ambiente correcto para su vida y cómo rodearse de influencias piadosas, pero hay tres cosas en las que quiero enfocarme en este capítulo.

Edifique su vida sobre la Palabra de Dios

Si me ha escuchado hablar o ha leído alguno de mis libros, ya sabe que soy una firme creyente del poder de la Palabra de Dios. Se nos enseña en la Escritura que si edificamos nuestra casa sobre la roca, se mantendrá en pie en cualquier tormenta de la vida (ver Mateo 7:24-27).

No hay mejor influencia en su vida que la Palabra de Dios, pues está llena de las promesas de Él, sus instrucciones y su seguridad de amor por usted. Hacer que la Biblia sea el fundamento central de su vida es lo más importante

> Si quiere vivir amando su vida, entonces necesitará amar la Palabra de Dios.

que puede hacer. Puedo decir sin ninguna duda que si quiere vivir amando su vida, entonces necesitará amar la Palabra de Dios.

Jeremías 15:16 dice:

> Al encontrarme con tus palabras, yo las devoraba; ellas
> era mi gozo y la alegría de mi corazón, porque yo llevo tu
> nombre, Señor, Dios Todopoderoso.

El profeta Jeremías lo dice claramente. ¡Él encontraba gozo y
deleite en llenarse de la Palabra de Dios!

Salmos 19:8 dice:

> Los preceptos del Señor son rectos: traen alegría al
> corazón. El mandamiento del Señor es claro: da luz a los
> ojos.

El salmista David dijo: "Dichosos los que van por caminos perfectos, los que andan conforme a la ley del Señor" (ver Salmos 119:1).

Hay muchas referencias bíblicas que relacionan el gozo con el
estudio de la Palabra de Dios. Yo sé con seguridad que no estaba disfrutando o amando mi vida antes de convertirme en una estudiosa
de la Palabra de Dios. Estudiar la Palabra de Dios puede parecer una
tarea abrumadora, pero si usted comienza y sigue en ello día tras
día, verá por sí mismo la diferencia que se produce. No tiene que
estudiar durante horas cada día, pero si dedica algún tiempo a ello y
lo hace regularmente, al final se sorprenderá de lo mucho que sabe y
cómo su vida ha cambiado para bien.

Yo he pasado más de cuarenta años estudiando la Palabra de Dios,
y ha cambiado mi vida totalmente. He aprendido mucho, pero no
sucedió de la noche a la mañana. Requirió una decisión consciente
de rodearme de la Palabra. Si quiere usted ver cambio en áreas de su
vida, aprenda a estudiar verdaderamente la Biblia y se sorprenderá
de lo que ella hará en su familia, sus finanzas, sus relaciones, sus
emociones... en cada parte de su ser.

La Biblia es el libro de mayores ventas de la historia, pero no es un libro común y corriente. Las palabras que hay en sus páginas son vida para su alma. Proverbios 4:20-22 lo dice de este modo:

> Hijo mío, que atiende a mis consejos; escucha atentamente lo que digo. No pierdas de vista mis palabras; guárdalas muy dentro de tu corazón. Ellas dan vida a quienes las hallan; son la salud del cuerpo.

¡La Biblia es la Palabra de Dios que se le ha entregado directamente! Y cuando usted edifica su vida en torno a la Palabra de Dios, comenzará a ver cambios que solamente su verdad pueden producir. La buena noticia es que no le tomará treinta años saber lo que necesita saber. Tan solo comience donde está en este momento y decida seguir adelante. Cada vez que estudia la Biblia y presta atención a lo que está leyendo, su vida está siendo cambiada.

La palabra "atender" en el pasaje mencionado anteriormente (Proverbios 4:20-22) significa "prestar atención a", "dedicar un tiempo" a algo. Atender a la Palabra de Dios es mucho más que tan solo lectura; es meditar en la Palabra. Es permitir que las palabras en las páginas penetren en su espíritu. No tiene que leer apresuradamente cada día. No es importante marcar cierto tipo de lista de "quehaceres". No es pensar: *Bien, hoy leí X número de capítulos o X número de palabras; cumplí con mi obligación espiritual.* No, la mejor manera de edificar su vida en torno a la Biblia es sentarse y pedir al Señor que le muestre hoy alguna cosa mediante su Palabra. Después de leer durante un rato, repase lo que ha leído y anote algunas cosas que vio que le interesaron o que aprendió. Es asombroso cuántas lecciones diferentes hay en un solo capítulo de la Biblia.

Si pudiera comprar "píldoras de poder" que pudieran liberar poder en su vida para ese día, ¿pediría las suyas rápidamente y tomaría una diligentemente cada día? Desde luego que lo haría, y yo también. ¿Sabe qué? ¡Las palabras de Dios son píldoras de poder! Leamos lo que escribió el apóstol Pablo a los Hebreos:

> Ciertamente, la palabra de Dios es viva y poderosa.
>
> Hebreos 4:12

Le aliento a pasar treinta minutos al día estudiando la Palabra de Dios, ¡y creo que después de un tiempo dirá que ha sido transformador!

Rodéese de las amistades adecuadas

La amistad es algo poderoso. Y cuando se rodea de las personas adecuadas, ellas pueden mejorar la calidad de su vida y convertirla en una vida que es fácil de amar. Las buenas amistades y las relaciones saludables marcan una importante diferencia en cada día; hacen que la vida sea un gozo.

Una publicación británica en una ocasión ofreció un premio a la mejor definición de un amigo. Entre las miles de respuestas recibidas estaban las siguientes:

- "Alguien que multiplica el gozo, divide la tristeza, y cuya sinceridad es inviolable".
- "Alguien que entiende nuestro silencio".
- "Un volumen de compasión envuelto en ropa".
- "Un reloj que marca la verdad en todo momento y nunca se queda sin cuerda".

La definición ganadora decía: "Un amigo es el que entra cuando el mundo entero ha salido".[21]

¡Todas ellas son definiciones maravillosas de lo que un amigo positivo, piadoso y alentador puede (y debería) ser en su vida!

Desgraciadamente, no todas las personas con las que nos encontraremos diariamente producen este tipo de gozo y entendimiento. Si somos sinceros, nos daremos cuenta de que hay muchas personas que en realidad hacen más para hacer difícil nuestra vida que ninguna otra cosa. Algunas personas sencillamente tienen un espíritu de queja, son propensas a la murmuración, o tienen una perspectiva negativa de la vida. Eso no significa que sean personas malas y malvadas, pero sí significa que puede que sean malas para usted. No es sano rodearse de personas que constantemente le derriban.

Hace mucho tiempo aprendí que necesitaba crear un ambiente en el que tuviera acceso a personas positivas y llenas de esperanza. Mis amigos tienen un efecto sobre mí...y lo mismo es cierto para usted. Deberíamos ser amigables con todo aquel que encontremos, pero la sabiduría nos dice que seamos cautos con las personas con las que nos relacionamos habitualmente. No estoy diciendo que debería usted estar en guardia o ser escéptico con respecto a la gente. Le animo a que le pida a Dios por sabiduría a la hora de establecer

> Le animo a que le pida a Dios por sabiduría a la hora de establecer amistades cercanas y personales.

amistades cercanas y personales. Yo le pido a Dios lo que denomino conexiones divinas, personas que Él conecta conmigo y que sabe que serán buenas para mí.

Ninguno de nosotros debe ir por la vida solo. Las relaciones son importantes. Rodearse de personas alentadoras y que siguen a Dios es una parte esencial de vivir amando su vida. Hellen Keller dijo: "Prefiero caminar con un amigo en la oscuridad que caminar sola en la luz".[22] En la Palabra de Dios vemos que Filemón tenía un mentor (Pablo), David tenía un grupo de amigos a los que se hace referencia como "los fuertes", e incluso Jesús se rodeó de su grupo de discípulos. Las amistades y las relaciones son una idea muy bíblica; tan solo asegúrese de estar fomentando un ambiente edificado sobre relaciones saludables y transformadoras.

Si tiene personas en su propia familia o en su lugar de trabajo que no son piadosas, y que no le alientan ni a usted ni a ninguna otra persona, quizá no pueda distanciarse de ellas. Si ese es el caso, entonces es especialmente importante que tenga muchos amigos y asociados que le proporcionen el cuidado amoroso que no está recibiendo en el hogar o en el trabajo. Si tiene una o dos influencias negativas en su vida, pero otras diez positivas, ¡las positivas ganarán!

Escoja sus influencias con cuidado

Solía haber un viejo dicho que se remontaba a los primeros tiempos de la programación de computadoras: *basura entra, basura sale*. La intención era describir cómo respondería una computadora a la programación. Si usted metía cosas malas en la computadora, obtendría malos resultados; por el contrario, si escribía un buen programa, la computadora funcionaría maravillosamente.

Lo mismo es cierto para nuestras vidas. Lo que metemos en nuestro espíritu siempre tendrá un efecto en cómo vivimos. Lo que pensamos, lo que escuchamos, las cosas que leemos y vemos: todos esos influyentes importan. Ayudarán a empujarnos hacia adelante al plan de Dios o nos llevarán arrastras hacia la derrota y la frustración. La buena noticia es esta: ¡nosotros podemos escoger nuestras influencias! Quizá no podamos escoger cada conversación que oímos o lo que nos bombardea desde los medios, pero sí podemos escoger aquello a lo que damos un lugar de influencia en nuestros corazones.

Proverbios 4:23 lo dice de este modo: "Por sobre todas las cosas cuida tu corazón, porque de él mana la vida".

Para vivir amando nuestra vida y avanzar hacia el plan de Dios para cada uno de nosotros, debemos guardar nuestro corazón. Debemos protegerlo de las influencias amargas y destructivas del mundo y llenar nuestro corazón en cambio de cosas positivas e inspiradoras. Yo escojo a propósito como mis colaboradores a personas con las que es fácil llevarse bien, son alentadoras, son positivas y persiguen un carácter piadoso. Eso me ayuda a guardar mi corazón. A continuación hay algunas maneras de guardar su corazón hoy:

> *Para vivir amando nuestra vida y avanzar hacia el plan de Dios para cada uno de nosotros, debemos guardar nuestro corazón.*

* Comience cada día pasando un tiempo con el Señor en oración. Pídale que le dé sabiduría y discernimiento en cuanto a lo que permite que influencie su vida ese día.

* Apague cualquier medio (televisión, radio, servicios de *streaming*, etc.) que le esté dando mensajes contrarios a la Palabra de Dios. No permita que el mundo derrame basura en su alma.

* Escuche a lo largo del día música de alabanza y adoración, o buena enseñanza que esté basada en la Biblia. Esta es una manera fácil de alentar su espíritu…incluso mientras esté ocupado haciendo otras cosas. Puede escuchar adoración que esté glorificando a Dios mientras hace sus compras semanales en el supermercado, mientras espera a que termine el entrenamiento de fútbol de sus hijos, durante su receso para el almuerzo…¡prácticamente en cualquier momento! En esta época hay muchas maneras estupendas de tener acceso a música cristiana. Es mucho más fácil que en tiempos del Walkman (¡no puedo ni contar cuántas cintas de casete desgasté en esa cosa!).

* Apártese de cualquier red social que le deje sintiéndose enojado, frustrado o amargado. En esta era digital hay muchas opciones de redes sociales, y sin duda pueden utilizarse para cosas buenas.

(En mi ministerio, mi equipo y yo usamos las redes sociales con bastante frecuencia para alentar a la gente con la Palabra de Dios). Sin embargo, como probablemente sepa, muchas redes sociales son poco sanas. Ya sean personas que se quejan de sus vidas, que critican a otros, o simplemente dicen cosas hirientes, hay muchas maneras en que los sitios de redes sociales pueden ser una mala influencia. No permita que esas influencias poco sanas amarguen su perspectiva de la vida. Si le gustan las redes sociales, entonces asegúrese de encontrar en ellas amigos que sean alentadores y estén llenos de gozo y que le beneficien y añadan valor a su vida, en lugar de aquellos que desperdician su tiempo a la vez que le dejan sin gozo.

Mientras vive hoy su día, preste atención a su ambiente: el acuario de su vida. ¿Está limpio su acuario? ¿Está limpia su agua? ¿Está nadando con peces que sean compatibles? Si le pide a Dios que le ayude a tener el ambiente más sano y seguro para su vida, ¡Él lo hará! Él quiere lo mejor para usted, y le agrada mucho rodearle de lo mejor. A medida que le siga y busque su voluntad, Dios le ayudará a aprender de su Palabra; Él traerá a las amistades adecuadas a su camino y le mostrará las mejores cosas para alentar su espíritu. ¡Es posible que una de las mejores cosas que puede hacer por usted mismo en este momento sea obtener nuevas amistades!

No olvide…

- Para mantenernos sanos (en su espíritu, alma y cuerpo) es importante que desarrollemos a nuestro alrededor un ambiente seguro, limpio y sostenible.
- No hay mejor influencia para su vida que la Palabra de Dios, pues está llena de las promesas de Él, sus mandamientos, y seguridad de su amor por usted.

- Cuando se rodea de las personas adecuadas, ellas pueden hacer que vivir amando su vida sea mucho más fácil.
- Lo que ponemos en nuestro espíritu afectará a cómo vivimos. Lo que pensamos, lo que escuchamos, las cosas que leemos y vemos: todas estas influencias importan.

Cambie sus pensamientos y
puede cambiar el mundo.

Norman Vincent Peale

CAPÍTULO 18

Redescubra el gozo de las relaciones

Puede descubrir más sobre una persona en una hora de juego que en un año de conversación.

atribuido a Platón

¿Ha observado alguna vez que cuanto más cerca está de algo, más fácil es que eso pierda su lustre? Necesitamos ser muy cuidadosos en no permitir que lo extraordinario se vuelva ordinario para nosotros.

Por ejemplo: la primera vez que visitó el océano, probablemente quedó asombrado por la belleza del movimiento de las olas. Era una buena sensación sentir el viento en su cabello y el sol sobre su cara. Podría haber pensado: *¡Este es el lugar más estupendo de la tierra!* Pero si vive cerca del océano, entonces puede convertirse en otro lugar. Cuantas más veces se siente en la playa, más común puede llegar a ser. Conozco a personas que viven en ciudades al lado del océano pero ya ni siquiera van a la playa.

¿Y qué de la majestad de las montañas? Si va de vacaciones a una ciudad en la montaña, puede que quede totalmente asombrado por las hermosas montañas que Dios creó. Probablemente vaya a hacer senderismo por los caminos montañosos, participará en recorridos por las cuevas locales, y se tomará un millón de *selfies* con las montañas como telón de fondo. Pero si usted vivía ahí, puede perder fácilmente esa sensación de asombro. Incluso puede comenzar a quejarse por el terreno desigual o los inviernos nevados.

Otras de las cosas por las que podemos perder nuestra apreciación son la paz y la tranquilidad. Si usted se aleja de una ciudad ajetreada y va a otra más bonita y más tranquila, podría ser amor a primera vista. *Ah, qué bonito es esto. Aquí se está muy tranquilo. ¡Esto es vida!* Pero muchas veces, esa misma vida de tranquilidad que al principio le encantaba puede convertirse en una vida aburrida. Quizá le visiten amigos o familiares y digan: "Me encanta la tranquilidad que hay aquí", mientras que usted piensa: *¿De veras? Me gustaría que hubiera más cosas que hacer. ¡No hay nada abierto después de las 9:00 de la noche!*

Ya sea el océano, las montañas, una ciudad pequeña, o cualquier otro número de cosas, es increíblemente fácil olvidar lo estupendo que tenemos.

Bueno, lo mismo es cierto en las relaciones. Es muy común para las personas olvidar las cosas que antes apreciaban y disfrutar de sus relaciones. Ese matrimonio, esa amistad, ese familiar por el que antes usted estaba tan agradecido puede volverse común y corriente con los años. Usted solía pensar: *¡Vaya! ¡Soy muy bendecido por tener a esta persona en mi vida!* Pero ahora, puede que esté dando por sentado a las personas simplemente porque se ha acostumbrado a tenerlas en su vida.

Pero para vivir amando su vida es vital disfrutar, valorar y estar agradecido por las personas que Dios nos ha dado. Para poder hacer lo que yo hago en el ministerio, necesito que muchas personas me ayuden de diversas maneras. Con mucha frecuencia cuando doy mi paseo matutino, doy gracias a Dios por ellas, especialmente las que han me han ayudado durante mucho tiempo. No quiero dar por sentadas a las personas, porque no quiero que hagan eso mismo conmigo. Duele cuando lo hacen, y no quiero ser la fuente de ese tipo de dolor para ninguna otra persona. Dar gracias a Dios por ellas es mi manera de no permitir que su extraordinario compromiso se vuelva común y corriente para mí.

> *Es vital disfrutar, valorar y estar agradecido por las personas que Dios nos ha dado.*

Y eso es lo que Dios quiere para usted: las buenas relaciones que usted tiene son regalos de Dios, y Él quiere que siempre recuerde eso.

Leamos estos tres versículos en la Biblia que hablan sobre relaciones:

> Luego Dios el Señor dijo: «No es bueno que el hombre esté solo. Voy a hacerle una ayuda adecuada».
>
> Génesis 2:18

> Que el Dios que infunde aliento y perseverancia les conceda vivir juntos en armonía, conforme al ejemplo de Cristo Jesús
>
> Romanos 15:5

> Más valen dos que uno, porque obtienen más fruto de su esfuerzo. Si caen, el uno levanta al otro. ¡Ay del que cae y no tiene quien lo levante!
>
> Eclesiastés 4:9-10

Estos versículos nos muestran que fuimos creados para tener relaciones saludables con otros. Dios es un Dios relacional, y quiere que descubramos (y redescubramos) el poder y el gozo que vienen con las relaciones fuertes. Ya sea un matrimonio, una amistad o un vínculo familiar, ¡usted puede cosechar gozo en su vida por el simple hecho de recordar cuán especiales son realmente las personas que hay en su vida!

Redescubra la apreciación

Una de las cosas más peligrosas que pueden suceder en un matrimonio es que dos personas se subestimen y pierdan su apreciación la una por la otra. Es una de las mayores trampas que puede conducir al divorcio. *¡Te amo! ¡No puedo vivir sin ti!* y *¡Eres una bendición* *para mí!* pueden convertirse en *¡Recoge tus calcetines! ¿Quieres dejar de masticar haciendo ruido? ¡Necesitas ser más agresivo!* Y cientos de otras cosas por las que tendemos a quejarnos cuando una relación ya no se valora como se debería. Es una situación bastante común, y muy triste de ver.

Pero el matrimonio no es el único lugar donde eso ocurre. Podemos subestimar a nuestros amigos y nuestros compañeros de trabajo, a nuestros hermanos, a nuestros jefes…y la lista continúa. Pero si realmente quiere tener relaciones que prosperen y que aporten cosas a su vida, hoy es el día en que puede redescubrir su apreciación por esas personas; hoy es el día en que puede negarse a darlas por sentado.

La gratitud es un principio muy bíblico. Primera de Tesalonicenses 5:18 dice:

> Den gracias a Dios en toda situación, porque esta es su voluntad para ustedes en Cristo Jesús.

Cuando el apóstol Pablo estaba hablando a sus colaboradores en el ministerio, dijo que daba gracias a Dios por ellos cada vez que oraba (ver Filipenses 1:3-5). Aparentemente, Pablo conocía el valor de las personas especiales que había en su vida, y nosotros deberíamos seguir su ejemplo.

La gratitud no solo mejora sus relaciones, ¡también le mejora a usted! Si es agradecido por las personas en su vida que son una bendición para usted, a lo largo de su día su corazón estará contento y sus relaciones se fortalecerán. Evite la trampa de subestimar a las personas, pues eso conducirá a relaciones aburridas, estancadas y poco sanas. En cambio, tenga una actitud agradecida y exprese con frecuencia esa gratitud.

> *La gratitud no solo mejora sus relaciones, ¡también le mejora a usted!*

Una cosa que evita que vivamos amando nuestra vida es permitir que lo extraordinario se vuelva ordinario, o peor aún, comenzar a quejarnos por cosas por las que antes estábamos agradecidos.

Redescubra un corazón de siervo

Si quiere mejorar cualquier relación, comience a servir a esa persona. Busque maneras de satisfacer sus necesidades; encuentre cosas que pueda hacer para facilitarle el día; programe acontecimientos que sabe que le gustarán a esa persona, aunque no sea lo que usted más le gusta. Ese es el corazón de un siervo, y es una clave importante para redescubrir el gozo en su relación. Cuando vea el asombro de esa persona a la que usted va a bendecir... no podrá evitar ser bendecido también a cambio.

Juan 13:5 es uno de los versículos más increíbles y asombrosos en la Biblia. Dice:

> Luego hecho algo en un recipiente y comenzó a lavarles los pies a sus discípulos y acercárselos con la toalla que llevaba a la cintura.

Qué escena tan increíble. Jesús, el Hijo de Dios, sirvió a sus discípulos lavando sus pies. Si lo piensa, cada parte del ministerio de Jesús se trataba de servir a personas a causa de su gran amor por ellas. Jesús nunca subestimaba a nadie. Pablo dijo en Filipenses 2:7 que Jesús "se rebajó voluntariamente, tomando la naturaleza de siervo".

Creo que usted y yo deberíamos seguir el ejemplo de Jesús hoy. Recuerde: cada vez que sigue su ejemplo, suceden cosas buenas. Si realmente quiere vivir amando su vida, siga el patrón que Jesús, el Dador de vida, estableció para todos nosotros. Por lo tanto, en lugar de esperar a que otra persona le haga feliz o satisfaga sus necesidades,

> *Pregunte a Dios cómo puede usted hacer feliz a otra persona y satisfacer sus necesidades.*

pregunte a Dios cómo puede usted hacer feliz a otra persona y satisfacer sus necesidades. Creo que la única manera en que podemos evitar desviarnos hacia ser avariciosos y desagradecidos es ser agresivos con respecto a hacer las cosas que Jesús nos ha enseñado que hagamos.

Redescubra el gozo de su salvación

Tenemos todo tipo de distintas relaciones en la vida, pero la relación más importante que usted tendrá jamás es su relación con Dios. Esta relación con Él es el fundamento para cada una de las demás relaciones que tendrá. Por eso creo que lo mejor que puede hacer para mejorar su relación con los demás es mantenerse cerca de Dios y amarlo a Él más de lo que ama a ninguna otra persona o cosa.

Cuando le preguntaron cuál era el mayor mandamiento, ¿recuerda lo que dijo Jesús? En Marcos 12:30-31, Jesús respondió:

> Ama al Señor tu Dios con todo tu corazón, con toda tu alma, con toda tu mente y con todas sus fuerzas. El segundo es: ama a tu prójimo como a ti mismo.

Creo que el orden es muy importante: primero amamos a Dios, y eso nos da la capacidad de amar a los demás.

Igual que podemos fácilmente subestimar a las personas, también podemos fácilmente subestimar a Dios. A veces podemos llegar a estar tan cómodos con Él (especialmente si hemos sido cristianos durante un tiempo), que dejamos de desarrollar nuestra relación. Disminuye la oración, el estudio bíblico queda a un lado, y dejamos de darle gracias a Él por todas sus bendiciones. Permítame alentarle hoy a que evite esa trampa. Tome un momento y piense en todo lo que

Dios ha hecho por usted: Él le salvó, le liberó, le ha sacado de tiempos que nunca pensó que podría superar, y le ama incondicionalmente. Él ha preparado un lugar para usted en el cielo donde vivirá en su presencia por toda la eternidad. Nunca le subestime a Él ni a cualquiera de sus bendiciones. Pídale hoy que restaure el gozo de su salvación si siente que necesita hacerlo, y no espere a que se apodere de usted algún sentimiento mágico, sino sea agresivo en recordar y darle gracias a Él por la relación más importante que tiene, ¡y es su relación con Dios por medio de Jesucristo!

Las palabras más (y menos) importantes

En cualquier relación, ya sea con el Señor, con nuestro cónyuge, nuestros hijos, amigos o compañeros de trabajo, las palabras que decimos importan. Esto es cierto no solo en las relaciones sino también en cada parte de nuestras vidas. Lo que decimos tiene un peso tremendo. Por eso quiero compartir con usted una última cosa en este capítulo sobre redescubrir el gozo de las relaciones.

Hemos examinado la importancia de mostrar a las personas que hay en nuestras vidas cuánto las valoramos. Hemos recordado no subestimar a los demás y, desde luego, hemos hablado sobre la relación más importante de todas: nuestra relación con Dios. Pero antes de avanzar, quiero alentarle a que diga a las personas que le rodean lo que significan para usted. Hace dos días, ¡Dave me dijo cuán orgulloso está de mí! Después enumeró varias cosas que yo hago y que él aprecia realmente. No es la primera vez que Dave ha hecho eso, pero yo nunca me canso de oírlo. No dude en mostrar apreciación con una nota, un mensaje de voz, una carta o tarjeta, una llamada telefónica; o mejor aún, hágalo en persona cuando sea posible. Esas palabras serán recordadas por mucho, mucho tiempo, y hacen que el vínculo que tenemos con otros sea más fuerte cada vez que lo hacemos.

Aparte del modo en que usted decida comunicarse con quienes tienen más cerca, permítame compartir algo que encontré de una fuente desconocida acerca de las palabras más (y menos) importantes que usted puede pronunciar.

> *En cualquier relación, las SEIS palabras más importantes que puede decir son:*
> "Admito que he cometido un error".
> *Las CINCO palabras más importantes:*
> "Has hecho un buen trabajo".
> *Las CUATRO palabras más importantes:*
> "¿Qué piensas de esto?".
> *Las TRES palabras más importantes:*
> "Después de ti".
> *Las DOS palabras más importantes:*
> "Muchas gracias".
> *La palabra MÁS importante:*
> "Nosotros".
> *La palabra MENOS importante:*
> "Yo".

Estoy segura de que a usted también se le ocurren otras palabras estupendas, pero esas son excelentes para comenzar. Por lo tanto, ¡compruebe hoy cómo funcionan! Comparta su corazón, y sus palabras, con alguien importante para usted y observe cómo se ilumina su cara mostrando agradecimiento. Cuando lo haga, eso le ayudará a redescubrir el gozo de esa relación y aumentará mucho su capacidad de vivir amando la vida que Dios le ha dado.

No olvide…

- Si puede despertarse cada día y orar: "Dios, muchas gracias por esta persona. ¡Estoy muy feliz de tener una relación con ella!", eso evitará que se desvanezcan el gozo y el asombro en esa relación.

- Si quiere mejorar cualquier relación, comience a servir a esa persona. Busque maneras de satisfacer sus necesidades.
- Su relación con Dios es el fundamento para cualquier otra relación que pueda llegar a tener.
- Tome un momento y piense en todo lo que Dios ha hecho por usted: Él le salvó, le liberó, le ha sacado de tiempos que nunca pensó que podría superar, y le ama incondicionalmente.

La paz comienza con una sonrisa.

Madre Teresa de Calcuta

CAPÍTULO 19

Los resultados satisfactorios del sacrificio

Recuerde que las personas más felices no son quienes más consiguen, sino quienes más dan.

H. Jackson Brown Jr.

Se cuenta la historia de que Ciro, el fundador del gran Imperio Persa, había capturado en una ocasión a un príncipe extranjero y a toda la familia del príncipe. Cuando llevaron al príncipe delante de él, Ciro preguntó al prisionero de guerra: "¿Qué me darás si te libero?". El prisionero, probablemente dudoso de que eso sucediera, respondió: "Te daré la mitad de toda mi inmensa riqueza".

Sin inmutarse, Ciro entonces preguntó: "¿Qué me darías si libero a tus hijos?". El príncipe respondió: "Por eso, te daría todo lo que poseo".

El emperador persa lo pensó por un momento y después hizo esta pregunta: "¿Qué me darás si libero a tu esposa?". Sin dudar ni un instante, el prisionero dijo: "Su Majestad, le daré mi vida por la de ella. Me entregaré yo mismo". Ciro quedó tan profundamente conmovido por esa respuesta que decidió liberar a toda la familia.

Mientras viajaban de regreso a su país, el príncipe le dijo a su esposa: "Las leyendas de Ciro son ciertas. Él es un gobernante poderoso, bien parecido y benevolente". Con amor brotando de su corazón, su esposa dijo: "No lo noté. Solo podía fijar mis ojos en ti, en quien estuvo dispuesto a dar su vida por mí".[23]

Esta historia ilustra algo que es muy cierto: el amor verdadero se trata de sacrificio. Cuando amamos verdaderamente a una persona, estamos dispuestos a sacrificar cualquier cosa por ella. Su seguridad, su felicidad, su bienestar, son más importantes que los nuestros. Llegaremos a cualquier extremo para satisfacer sus necesidades, incluso a costa de un gran sacrificio para nosotros. Creo que eso es algo en lo que todos podemos estar de acuerdo: el amor es sacrificio, y el sacrificio es amor.

Pero cuando hablamos de sacrificio, de modo natural pensamos que es algo muy doloroso. De hecho, una de las definiciones para la palabra "sacrificio" es "una pérdida sostenida".[24] Oímos "sacrificio" y suponemos trabajo, incomodidad o dolor. *Tengo que sacrificar mi tiempo libre para ser exitoso en el trabajo. Debo sacrificar comer postres deliciosos si quiero estar más delgado. Hacer músculo requerirá que me sacrifique durante horas en el gimnasio.* "Sacrificio" es frecuentemente imagen de sangre, sudor y lágrimas.

Aunque hay cierta verdad en esa idea (el sacrificio sí requiere esfuerzo), he descubierto algo sobre el sacrificio de lo que raras veces se habla: hay un gran gozo en sacrificarnos por otras personas. El sacrificio no se trata solo de dolor e incomodidad. Una de las cosas mejores, más gozosas y más satisfactorias que experimentará jamás en la vida es hacer un sacrificio personal a fin de enriquecer la vida de otra persona.

Yo no siempre supe que eso era cierto. Hubo una época en que estaba demasiado enfocada en el yo para entender este concepto bíblico; pero con los años, Dios me ha mostrado que vivir para ayudar a otros es una de las cosas que me produce mayor felicidad. Es un subproducto natural. Mientras más intento ayudar a otras personas a vivir amando sus vidas, más comienzo a amar la mía.

Hebreos 13:16 dice:

> No se olviden de hacer el bien y de compartir con otros
> lo que tienen, porque esos son los sacrificios que agradan
> a Dios.

Sé que todos queremos agradar a Dios, de modo que el hecho de que Dios se agrade cuando nos sacrificamos por otra persona debería resultarnos atractivo enseguida, pero hay un beneficio añadido: ¡también nos agrada a nosotros! Una vida de sacrificio es una vida que comenzaremos a amar verdaderamente.

Estar dispuesto a sacrificarse por los demás no significa que no le quedará tiempo para usted mismo, o que toda su vida tiene que ser sacrificio, sacrificio, y más sacrificio. Dios quiere que cuidemos de nosotros mismos, pero no quiere que seamos el centro de nuestro universo, viviendo una vida egoísta y egocéntrica. El Espíritu Santo le guiará para que mantenga un balance en todas las áreas de la vida si usted tiene sensibilidad a su dirección para su vida.

La compasión es una clave para la felicidad

Hay muchos aspectos diferentes del amor, pero uno de los componentes más importantes del amor es la generosidad. En la Biblia, está caracterizada como una voluntad a sacrificar los deseos propios por los de otros. Jesús es el ejemplo supremo de eso. Él lo sacrificó todo. Él dejó su trono en el cielo para venir a la tierra. Él pasó todo su ministerio terrenal sirviendo a los demás en lugar de ser servido. Y pagó el sacrificio supremo, entregando su vida por usted y por mí. Su ejemplo es el que siempre deberíamos esforzarnos por seguir. El mundo nos dice: *Consiga todo lo que pueda* y *Espere llegar al número uno*, pero Jesús modeló una actitud muy distinta. El ejemplo que Él puso es una vida que incluía sacrificarse por los demás.

Es imposible ser feliz y egoísta al mismo tiempo. Por eso Dios nos da la capacidad de ser *desprendidos*. Es en esta generosidad donde encontramos verdadera paz y contentamiento. Las personas egoístas son el centro de sus propias vidas, y es difícil para ellas aprender y crecer en el plan de Dios para sus vidas, en especial si implica

> Es imposible ser feliz y egoísta al mismo tiempo.

abnegación (y siempre lo hace). Una persona enfocada en sí misma espera que todos los demás se ajusten a ella y a sus necesidades. Simplemente no sabe adaptarse a las necesidades de otro sin llegar a estar enojada o molesta.

Como mencioné anteriormente, aprender a adaptarme a otros y hacer sacrificios por ellos fue muy difícil para mí en una época en mi vida. Yo quería hacer las cosas a mi manera, y me molestaba cuando no lo conseguía. Yo era egoísta; quería lo que quería y cuando lo quería. No era buena en adaptar mis propios deseos para dar cabida al calendario de otra persona. Muchos de mis problemas de conducta estaban arraigados en un temor a ser controlada porque mi padre abusivo me había controlado. Pensaba que mientras yo tuviera el control estaría segura, pero Dios quería que confiara en que Él me guardaría en lugar de intentar hacerlo yo misma.

Sin duda, no soy la única que ha actuado de ese modo. ¿Puede identificarse con eso? ¿Se ha encontrado pensado en usted mismo durante todo el día? *¿Cómo me va a afectar esta situación? ¿Por qué me están sucediendo estas cosas? ¡No puedo esperar a salir de aquí para así hacer lo que yo quiero! ¿Por qué no me está siendo más útil esa persona?* No es que estemos contra otras personas, es solo que no nos enfocamos en ellas porque estamos demasiado ocupados enfocándonos en lo que nosotros necesitamos y cuando lo necesitamos.

Pero lo que no entendemos es que este enfoque en mejorar las cosas para nuestro propio beneficio en realidad no mejora nada en absoluto. En cambio, nos deja sintiéndonos frustrados y amargados. Lo único que podemos ver es lo que *no* tenemos y lo que la gente *no* está haciendo por nosotros. Sin embargo, cuando apartamos la mirada de nosotros mismos y comenzamos a buscar maneras de sacrificarnos por otras personas, Dios interviene y suple nuestras necesidades a medida que trabajamos con gozo para satisfacer las necesidades de otros.

En mi vida, Dios comenzó a suavizar mi corazón, y finalmente aprendí a ver las necesidades de los demás. Comencé a sentir compasión por ellos: el deseo sincero de satisfacer sus necesidades antes que las mías propias. Con el tiempo, me comprometí más a caminar en amor. Aprendí a adaptar mis propios deseos para ayudar a suplir las necesidades de otras personas. Sigue habiendo muchas veces en mi vida en que soy egoísta y Dios tiene que tratar conmigo al respecto, pero me regocijo en que ya no soy tan egoísta como lo era antes, y confío en que Dios seguirá ayudándome a crecer en estar más dispuesta a sacrificarme por otros.

No todas las personas necesitan las mismas cosas de nosotros; todo el mundo es diferente. Nuestros hijos son un estupendo ejemplo. Uno de ellos puede que necesite más de nuestro tiempo mientras que otro necesita más aliento. Sucede lo mismo con los amigos; sus necesidades varían, y a medida que aprendemos a caminar en amor y a sacrificarnos por otros, buscaremos darles lo que necesitan en lugar de darles meramente lo que a nosotros nos resulta cómodo. Algunos padres y madres cometen el error de comprarles algo a sus hijos para mostrar afecto, cuando lo que los niños necesitan de verdad es pasar tiempo con ellos o escuchar que les digan palabras que les darán confianza. Le animo a descubrir lo que necesitan verdaderamente su familia y sus amigos y a estar dispuesto a dárselo, incluso si eso significa que tiene que sacrificarse para hacerlo.

La felicidad viene de la generosidad. Nunca podrá sobrepasar a Dios en dar; cuento más busque bendecir al pueblo de Dios, más le bendecirá Él a cambio. Nunca habrá un solo día en que usted piense: *Me gustaría no haber sido amable hoy*, o: *Realmente lamento haber alentado antes a ese amigo*.

> Nunca habrá un solo día en que usted piense: Me gustaría no haber sido amable hoy.

Siempre se irá a la cama más feliz cuando tome tiempo durante el día para sacrificarse por otra persona.

Sacrificarse por otros no le hace ser un mártir

Cuando hablamos de sacrificarnos por otros, a veces la gente piensa que eso les hace ser un mártir. Todos hemos oído sobre hombres y mujeres, a lo largo de los siglos, que pagaron el precio supremo y murieron por lo que creían: ellos son mártires. Pero hay otro tipo de martirio, que es un martirio autoinfligido. Este tipo de persona que se lamenta de sí misma carece de valentía y nobleza. Hace sacrificios, pero su actitud de corazón no es correcta al hacerlos. En realidad se sacrifica para poder sentirse bien consigo misma y finalmente alardear de sus muchos sacrificios.

Probablemente ha conocido a una persona así antes (o quizá usted ha sido ese tipo de persona a veces). Esta persona está dispuesta a hacer saber a todo aquel que escuche sobre sus sacrificios, y todo lo que hace por la gente. Quiere que todos sepan lo mucho que se esfuerza diariamente por otros. Está agotada y es infeliz, porque no se está sacrificando por el mero gozo de hacerlo, sino que lo hace para obtener reconocimiento.

Una vez conocí a una persona así. Ella se sentía una esclava de su familia, y sin duda tenía actitud de mártir. De lo único que hablaba era de cuánto hacía por todo el mundo y lo poco que se lo agradecían. En nuestras conversaciones, era obvio que ella anotaba en su cuaderno el trabajo que estaba haciendo y la recompensa que recibía por ello. Finalmente, esa actitud arruinó muchas de sus relaciones.

Entendamos que es fácil caer en la "trampa del mártir". Si nuestros motivos no son puros, puede que comencemos a servir a nuestra familia y amigos y que nos guste mucho, pero después de un tiempo, nuestro corazón puede comenzar a cambiar y empezamos a esperar algo a cambio. Esto no es un sacrificio gozoso, es manipulación. Y puede sucedernos a menos que sometamos diariamente a Dios nuestro corazón y nuestros motivos. Después de todo, trabajamos muy duro y nos sacrificamos mucho. Cuando esto sucede, podemos comenzar finalmente a perder el corazón de un siervo. Podemos llegar a estar amargados porque no se cumplen nuestras expectativas; nuestra actitud se agria, y pronto descubrimos que estamos revolcándonos en la autocompasión.

Cualquier cosa que hagamos por otros deberíamos hacerla en el nombre de Jesús y en dependencia de Él (ver Colosenses 3:17), sabiendo que nuestra recompensa vendrá de Él (ver Colosenses 3:23-24).

Por lo tanto, al embarcarse en este viaje para servir y sacrificarse por las personas que hay en su vida, pida a Dios que le ayude con motivos puros. Pídale que le muestre cómo amar como Él lo hace, con un amor que es incondicional y totalmente gratuito. Permítame darle otra ilustración con la que tengo la sensación que podrá identificarse...

No siempre es fácil, pero siempre vale la pena

Recuerdo un día en particular cuando el Señor me alentó a hacer algo bonito por Dave. Iba a bajar las escaleras para hacerme mi café de la mañana, y el Señor me impulsó a hacer algo bastante simple al verlo en retrospectiva: hacer una macedonia de frutas para Dave. Parece bastante simple, ¿no? A Dave le encanta la fruta en la mañana, y yo sabía que eso sería realmente algo bonito que hacer por él. Todavía no se había levantado, así que yo sabía que tenía tiempo de sobra para preparársela y sorprenderle cuando bajara.

Sin embargo, había un problema: ese día yo no tenía ganas de hacer una macedonia de frutas. Sencillamente no quería hacerlo. Pensé en cuánto tiempo tomaría cortar toda la fruta. ¡Yo quería en cambio orar y estudiar mi Biblia! Quería hacer algo que pensaba que era *espiritual*, pero lo más espiritual que podría haber hecho en ese momento era hacer la macedonia de frutas con una buena actitud.

Ahora tengo que reírme de eso, porque es chistoso cómo podemos cometer el error de pensar que una actividad espiritual, como orar o leer la Palabra de Dios, ocupa el lugar de la obediencia y nos convierte en cierto tipo de "súper cristiano"... porque no es así. Hay un momento correcto para todo, y sin duda hay veces en que necesitamos estudiar y orar y negarnos a ser distraídos por otras cosas. Pero Dios puso en mi corazón que hiciera una macedonia de frutas, y eso significaba que era la prioridad de Dios para mí en ese momento, y yo podía obedecer y seguir teniendo tiempo de sobra para estudiar y orar.

Mientras pensaba en que no tenía ningunas ganas de hacer esa macedonia de frutas, el Señor me recordó pacientemente que ese pequeño sacrificio por Dave era en realidad algo más que servir a mi esposo; era mi servicio a Dios. Por lo tanto, podrá suponer lo que hice. Hice obedientemente la macedonia de frutas y sorprendí a Dave con ella cuando bajó la escalera aquella mañana.

Fue una cosa muy sencilla, pero a los ojos de Dios esas cosas puede que sean algunas de las cosas más grandes. Tal vez las pequeñas cosas no serán lo que la gente considera grande, pero Dios las ve, y eso es más importante que todo lo demás.

Así que busque maneras pequeñas o grandes de sacrificarse por alguien en este día. Ceda su lugar en la fila. Lleve a algún lugar a un amigo. Corte el pasto de alguien. Sonría. Comparta unas palabras de aliento. ¡O haga una macedonia de frutas! Cualquiera que sea el sacrificio, ¡Dios nunca lo pasa por alto!

No olvide...

- El verdadero amor se trata de sacrificio. Cuando ama verdaderamente a una persona, estará dispuesto a sacrificar cualquier cosa por ella.

- Hay una recompensa tremenda en sacrificarse por los demás.
- El mundo nos dice: *Consiga todo lo que pueda* y *Espere llegar al número uno*, pero Jesús modeló una actitud muy distinta. El ejemplo que Él puso es una vida que incluía sacrificarse por los demás.
- Es imposible ser feliz y egoísta al mismo tiempo.
- Pida a Jesús que le muestre cómo amar como Él lo hace, con un amor que es incondicional y totalmente gratuito.

EPÍLOGO

Es mi oración, no solo que haya disfrutado de este libro, sino que también sea utilizado por Dios para ayudarle verdaderamente a vivir amando su vida. Su vida es un regalo de Dios, y amar su vida es una de las mejores maneras en que puede decir: "Gracias, Jesús". Su vida, como la mía, probablemente no es y nunca será perfecta, pero es la única que tiene, de modo que ¡acéptela y disfrute de la aventura de vivir con Dios!

¡Deje que el amor sea el centro de su vida! Ame a Dios con todo su corazón, su alma, su mente y sus fuerzas, ámese a usted mismo porque Jesús le amó tanto que murió por usted, y ame a otras personas… ¡y el resultado será que usted vivirá amando su vida!

¿Tiene una relación real con Jesús?

¡Dios le ama! Él le creó para que sea un individuo especial, único, singular, y Él tiene un propósito y un plan específicos para su vida. Y mediante una relación personal con su Creador, Dios, puede descubrir un modo de vida que verdaderamente satisfará su alma.

Sin importar quién sea usted, lo que haya hecho, o dónde está en su vida en este momento, el amor y la gracia de Dios son mayores que su pecado, que sus errores. Jesús entregó voluntariamente su vida para que usted pueda recibir perdón de Dios y tener nueva vida en Él. Jesús está esperando que usted le invite a ser su Salvador y Señor.

Si está preparado para entregar su vida a Jesús y seguirle, lo único que tiene que hacer es pedirle que perdone sus pecados y le dé un nuevo comienzo en la vida para usted vivir. Comience haciendo esta oración...

Señor Jesús, gracias por dar tu vida por mí y perdonar mis pecados para que pueda tener una relación personal contigo. Lamento sinceramente los errores que he cometido, y sé que necesito que me ayudes a vivir rectamente.

Tu Palabra dice en Romanos 10:9: "Si confiesas con tu boca que Jesús es el Señor y crees en tu corazón que Dios lo levantó de entre los muertos, serás salvo". Creo que tú eres el Hijo de Dios y te confieso como mi Salvador y Señor. Tómame tal como soy, y obra en mi corazón, haciendo de mi la persona que tu quieres que sea. Quiero vivir para ti, Jesús, y estoy muy agradecido de que hoy me des un nuevo comienzo en mi nueva vida contigo.

¡Te amo, Jesús!

¡Es asombroso saber que Dios nos ama tanto! Él quiere tener una relación profunda e íntima con nosotros que crezca cada día a medida que pasamos tiempos con Él en oración y estudio de la Biblia, la Palabra de Dios. Y queremos alentarle en su nueva vida en Cristo.

Por favor, visite https://tv.joycemeyer.org/espanol/como-conocer-jesus/. También tenemos otros recursos gratuitos en línea para ayudarle a crecer y perseguir todo lo que Dios tiene para usted.

¡Felicidades por su nuevo comienzo en su vida en Cristo! Esperamos tener noticias de usted pronto.

DIRECCIONES DE LAS OFICINAS EN E.U.A.
Y EL EXTRANJERO

Joyce Meyer Ministries
P.O. Box 655
Fenton, MO 63026 USA
(636) 349-0303

Joyce Meyer Ministries—Canada
P.O. Box 7700
Vancouver, BC V6B 4E2
Canada
(800) 868-1002

Joyce Meyer Ministries—Australia
Locked Bag 77
Mansfield Delivery Centre
Queensland 4122
Australia
(07) 3349 1200

Joyce Meyer Ministries—England
P.O. Box 1549
Windsor SL4 1GT
United Kingdom
01753 831102

Joyce Meyer Ministries—South Africa
P.O. Box 5
Cape Town 8000
South Africa
(27) 21-701-1056

Overload
The Penny
Perfect Love (previously published as *God Is Not Mad at You*)*
The Power of Being Positive
The Power of Being Thankful
The Power of Determination
The Power of Forgiveness
The Power of Simple Prayer
Power Thoughts
Power Thoughts Devotional
Reduce Me to Love
The Secret Power of Speaking God's Word
The Secrets of Spiritual Power
The Secret to True Happiness
Seven Things That Steal Your Joy
Start Your New Life Today
Starting Your Day Right
Straight Talk
Teenagers Are People Too!
Trusting God Day by Day
The Word, the Name, the Blood
Woman to Woman
You Can Begin Again

LIBROS EN ESPAÑOL POR JOYCE MEYER

Belleza en lugar de cenizas (*Beauty for Ashes*)
Buena salud, buena vida (*Good Health, Good Life*)
Cambia tus palabras, cambia tu vida (*Change Your Words, Change Your Life*)
El campo de batalla de la mente (*Battlefield of the Mind*)
Cómo formar buenos hábitos y romper malos hábitos (*Making Good Habits, Breaking Bad Habits*)
La conexión de la mente (*The Mind Connection*)
Dios no está enojado contigo (*God Is Not Mad at You*)
La dosis de aprobación (*The Approval Fix*)
Empezando tu día bien (*Starting Your Day Right*)
Hazte un favor a ti mismo...Perdona (*Do Yourself a Favor...Forgive*)
Madre segura de sí misma (*The Confident Mom*)
Pensamientos de poder (*Power Thoughts*)
Sobrecarga (*Overload*)*
Termina bien tu día (*Ending Your Day Right*)
Usted puede comenzar de nuevo (*You Can Begin Again*)
Viva valientemente (*Living Courageously*)

* Guía de estudio disponible para este título

LIBROS POR DAVE MEYER

Life Lines

NOTAS

1   https://www.goodreads.com/author/quotes/401826.John_Flavel
    ?page=3.
2   https://www.brainyquote.com/quotes/quotes/h/henrywardb
    121544.html.
3   http://www.great-inspirational-quotes.com/i-would-pick-more-daisies
    .html.
4   https://www.wsj.com/articles/SB100008723963904439892045776
    03341710975650.
5   http://www.goodreads.com/author/show/268402.Martha
    _Washington.
6   https://www.brainyquote.com/quotes/quotes/h/henrydavid108393
    .html.
7   http://www.goodreads.com/quotes/69144-humor-is-mankind-s
    -greatest-blessing.
8   http://ministry127.com/resources/illustration/this-is-the-time
    -to-give.
9   https://quotefancy.com/quote/823157/Henri-J-M-Nouwen-To-give
    -someone-a-blessing-is-the-most-signi cant-afirmation-we-can.
10 https://www.brainyquote.com/quotes/quotes/r/robertfros101059
    .html?src=t_words.
11 Adaptado de *Sower of Seeds* [Sembrador de semillas], FR. Brian
    Cavanaugh, Paulist Press, *Bits & Pieces*, 22 de junio de 1995, pp. 2–3.
12 https://www.brainyquote.com/quotes/quotes/c/confucius134717
    .html?src=t_life.

13 http://www.nydailynews.com/news/national/70-u-s-workers-hate-job-poll-article-1.1381297.

14 https://www.brainyquote.com/quotes/quotes/k/kristinarm569046.html?src=t_contentment.

15 https://bible.org/illustration/f-w-woolworth.

16 http://www.chrisreevehomepage.com/sp-dnc1996.html.

17 https://www.brainyquote.com/quotes/quotes/l/louisebool170206.html.

18 Reportado en *Deep Cove Crier*, noviembre de 1993, Reporter Interactive (umr.org), mayo de 2001, y Tony Campolo, *Let Me Tell You a Story* [Déjame decirte una historia]; https://storiesforpreaching.com/category/sermonillustrations/gods-love/.

19 http://ministry127.com/resources/illustration/giving-away-what-wasn-t-his.

20 Citado en http://www.sermonillustrations.com/a-z/l/love.htm.

21 http://www.sermonillustrations.com/a-z/f/friendship.htm.

22 http://www.goodreads.com/quotes/tag/frienship.

23 http://www.sermonillustrations.com/a-z/sacrifice.htm.

24 http://www.thefreedictionary.com/sacrifice.